Dora Heldt

Sommer. Jetzt!

Der Sommer ist einfach die beste Jahreszeit! Das findet auch Dora Heldt. Wären da nur nicht immer die lästigen Kleinigkeiten, die dem perfekten Sommer im Weg stehen: die blöde Flugangst, die fehlende Bikinifigur oder die vollen Strände. Doch wer will sich schon bei strahlendem Sonnenschein und unter blitzblauem Himmel die Laune verderben lassen? Das wäre ja noch schöner!

Dora Heldt, 1961 auf Sylt geboren, ist gelernte Buchhändlerin und lebt heute in Hamburg. Mit ihren Romanen führt sie seit Jahren die Bestsellerlisten an, ihre Bücher werden regelmäßig verfilmt. Mehr über die Autorin unter www.dora-heldt.de

Dora Heldt

Sommer. Jetzt!

Sonnige Geschichten

dtv

Dieses Buch ist bei dtv auch im Normaldruck lieferbar.

MIX
Papier | Fördert gute Waldnutzung
FSC® C019821

Ungekürzte Ausgabe 2020
6. Auflage 2025

Tumblingerstraße 21, 80337 München
produktsicherheit@dtv.de
Dieses Werk wurde vermittelt durch die Literarische Agentur Thomas Schlück GmbH, Hannover
Umschlaggestaltung: dtv unter Verwendung eines Bildes von Markus Roost
Satz: pagina GmbH, Tübingen
Gesetzt aus der DTL Documenta
Druck und Bindung: Druckerei C.H.Beck, Nördlingen
Printed in Germany · ISBN 978-3-423-25424-3

Inhalt

Seepferdchen

Sie ist zu eng«, mit gequältem Blick schob Heinz zwei Finger in den Hosenbund und sah seine Frau anklagend an. »Ich kann gar nicht atmen.«

»Es ist deine beste Sommerhose, du hast sie erst im letzten Jahr gekauft. Wie viel hast du denn zugenommen?«

Ohne zu antworten, hielt Heinz die Luft an und stellte sich seitlich vor den Spiegel. Langsam atmete er wieder aus. »Ich möchte meine braune Cordhose anziehen. Die sitzt einfach besser.«

Charlotte musterte ihren Mann und biss sich auf die Lippe. Heinz bekam seine üblichen drei Winterkilos nie auf Anhieb in die Sommergarderobe. Und war jedes Jahr frustriert, trotz der Freude über den baldigen Sommer. Sie stand von der Bettkante auf, von der aus sie die Modenschau ihres Mannes verfolgt hatte. »Es nützt nichts, mein Lieber«, sagte sie und verkniff sich ein Lächeln. »Die braune Cordhose ist schon bei den übrigen Wintersachen auf dem Dachboden. In vier Wochen ist Sommeranfang, die Vorbereitungen laufen auf Hochtouren und ich steige jetzt nicht hoch und suche deine alte Winterhose. Ab morgen machen wir Diät. Und vielleicht solltest du auch mal wieder über sportliche Betätigungen nachdenken. Wir wollen doch nicht mit Speckgürteln an den Strand. Ich gehe jetzt in den Garten, beeil dich mit dem Umziehen, den Strandkorb bekomme ich nicht allein aus dem Schuppen.«

Sie verschwand und Heinz sah ihr nach, bevor er kräftig ausatmete und sich mit Schwung aufs Bett fallen ließ. Der Hosenknopf sprang ab und rollte unter die Heizung.

Im Garten sah Charlotte sich zufrieden um. Die ersten Rosenknospen hatten sich schon geöffnet, es würde nicht mehr lange dauern, bis hier alles wieder so blühte und wuchs, dass sogar vorbeikommende Touristen bewundernd stehen blieben. Charlotte liebte den Sommer. Diesen Inselsommer. Natürlich war es hier auch während der anderen Monate schön, aber der Sommer war etwas ganz Besonderes. Die Sonne, das Licht, die Farben der Heckenrosen, des Strandginsters, der Hortensien, das blaue

Wasser, der weiße Strand, die roten Sonnenuntergänge, die weißen Möwen im blauen Himmel. Aber bevor sie den Sommer genießen konnte, war noch einiges zu tun. Die Strandkörbe, Gartenstühle, Gartentische, Töpfe und Kübel mussten aus den Schuppen und ihrem Winterlager geholt, geschrubbt und an die richtigen Plätze gestellt werden, bevor ihre Schwägerin Inge und sie am nächsten Tag zur Gärtnerei fahren würden. Um dort jede Menge Margeriten, Geranien, fleißige Lieschen, Lobelien und was sie sonst noch so sahen einzuladen.

Als sie gerade die Schuppentür an einem Sturmhaken befestigte, kam Heinz in seiner ältesten Jogginghose, die er etwas zu hoch gezogen hatte, heraus. Er sah sie freundlich an. »Ich wollte die hellen Sommersachen nicht gleich im Garten schmutzig machen. Ja, dann lass uns mal den Strandkorb rausschieben.«

Sie nickte und schob ihre Ärmel hoch. »Du vorn, ich hinten. Und wenn du dein Hemd *über* der Jogginghose tragen würdest, wäre es nicht ganz so schlimm. Und wenn du in dieser Hose auch noch Sport machen würdest, wäre es noch besser.«

»Wie lange brauchst du noch?« Inge ging neben Walter, der mit Inbrunst die Speichen seines Fahrrads abrieb, in die Hocke.

»Warum?« Stöhnend quälte sich ihr Mann hoch, bevor er ein Stück zurückhumpelte, um sein Werk zu bewundern. »Meine Gelenke müssten nach dem Winter auch mal geölt werden. Nur so nebenbei. Aber dieser Fahrradreiniger ist allererste Sahne, sieh dir das Rad an, wie neu, der ganze Winterdreck ist weg.«

»Schön, Walter«, etwas zerstreut sah Inge auf ihre Armbanduhr. »Ich müsste nämlich langsam los, Charlotte und ich wollen uns um elf Uhr vor der Gärtnerei treffen. Und jetzt ist es halb elf.«

»Ja, dann viel Spaß«, ohne den Blick vom Fahrrad zu lösen, nickte er. »Bis später.«

»Walter, du stehst mit den Rädern und dem Werkzeug mitten in der Auffahrt. Ich kann das Garagentor nicht aufmachen.«

»Ach so. Ja.« Walter sah auf und blickte von ihr zu den beiden Fahrrädern. »Ich habe mit deinem noch gar nicht angefangen. Das dauert noch einen Moment. Ihr glaubt immer alle, dass man Fahrräder ruckzuck fertig macht. Was für eine Arbeit da drinsteckt, ist euch gar nicht klar. Das ist eine richtige Überholung.«

»Das verstehe ich, Walter. Aber könntest du die Räder nicht hinten im Garten herrichten? Da guckt dir auch nicht jeder Nachbar auf die Finger. Und ich kann mit dem Auto rausfahren.«

»Die können mir ruhig auf die Finger gucken«, sofort blickte er sich um, allerdings war gerade niemand zu sehen. »Die sollen ruhig sehen, welchen Aufwand man betreiben kann, um ein Fahrrad zu pflegen und für den Sommer fit zu machen. Gerade mit diesem neuen Reinigungsspray …«

»Walter.«

»Ja doch, ich mach ja schon. Du könntest dein Rad eben mal rüberschieben, ich habe nur zwei Hände.«

»Natürlich.«

Zehn Minuten später saß sie im Auto und war auf dem Weg zur Gärtnerei. Endlich Sommer, Tage, Wochen, Monate, die sie am Strand verbringen konnten: Schade nur, dass sie keine Enkelkinder hatten und ihre erwachsenen Kinder nicht mehr neben ihr Strandburgen bauten und durch die Wellen tobten. Aber man konnte nicht alles im Leben haben. Da hatte es ihre Freundin Helga besser, die hatte ein Enkelkind, auch wenn das nicht auf der Insel wohnte. Und auch nicht alle Ferien hier verbrachte. Vielleicht kam der Junge ja mal im Sommer, dann könnten sie zusammen mit Walter an den Strand gehen. Irgendwie gehörte das zum Sommer dazu. Das Geschreie und Gelächter von Kindern am Wasser.

Inge entdeckte ihre Schwägerin sofort, als sie auf den Parkplatz der Gärtnerei fuhr. Charlotte stand winkend in einer freien Lücke und sprang zur Seite, als Inge einparkte. »Guten Morgen«, rief sie fröhlich, nachdem sie die Fahrertür schwungvoll aufgerissen hatte. »Ich habe schon mal im Eingangsbereich gestöbert, es gibt ganz wunderbare Windlichter und Solarlampen. Ich seh die lauen Sommerabende im Garten schon vor mir.«

»Ich muss Walter noch daran erinnern, dass der Grill dringend überholt werden muss«, sagte Inge, statt einer Antwort. »Guten Morgen. Meinst du, dass man den Grillrost auch mit diesem Fahrradreiniger sauber bekommt? Speichen oder Rost, das dürfte doch keinen großen Unterschied machen?«

Charlotte und Inge waren seit fast fünfzig Jahren Schwägerinnen und verstanden sich blind. »Das müsste gehen. Heinz wollte den Reiniger gerne mal ausprobieren, bevor er ihn kauft, also lass deinem Bruder noch einen Rest übrig.«

»Natürlich«, sie gingen nebeneinander zu den Einkaufswagen und zogen einen aus der Reihe.

»Was mir gerade einfällt …«, Inge hob einen Margeritenbaum hoch, um ihn zu inspizieren. »Walter war wegen seiner Gelenkschmerzen bei Dr. Kruse. Und der hat ihm gesagt, er bräuchte keine neue Hüfte, was er bräuchte, sei Bewegung. Heinz hat doch über den Winter auch ganz schön zugelegt, dem könnte etwas Bewegung auch nicht schaden. Er soll Walter mal ein bisschen motivieren, auf mich hört er ja nicht. Ich schlage ihm dauernd vor, mal mit zum Nordic Walking zu kommen, aber das lehnt er ab. Er mache sich nicht zum Affen, hat er gesagt. Aber er muss endlich was tun«, sie hob die Achseln, »Fahrradfahren oder wandern, irgendetwas.«

»Ich kann Heinz das vorschlagen, aber ich bezweifle, dass Walter sich ohne Grund bewegt. Dein Mann braucht doch immer Aufgaben. Aber vielleicht gibt es eine Möglichkeit. Ich könnte ihn bitten, mit Heinz ab und an spazieren zu gehen, weil der dringend abnehmen muss. Nur wäre dann vermutlich Heinz beleidigt.«

»Wir müssen mal in Ruhe darüber nachdenken«, befand Inge und stellte den Margeritenbaum in den Einkaufswagen. »Uns fällt schon noch was ein. Aber irgendeine Form von Sport müssen sie machen. Wir haben Sommer und die Männer sind ungelenkig und zu dick. Das geht doch nicht.«

»Okay.« Die junge Frau, die im Schwimmbad vor ihr stand, überlegte einen Moment. »Ich glaube, ich habe Ihnen alles gezeigt – oder? Haben Sie noch Fragen?«

Lina schüttelte den Kopf. »Nein, im Moment nicht. Vielen Dank für die Einweisung, dann ziehe ich mich mal um.«

»Ja, rechts durch, wir sehen uns gleich draußen.«

Fünf Minuten später, mehr Zeit brauchte Lina nicht, um ihre Jeans gegen eine kurze Hose zu tauschen und das T-Shirt mit dem Schwimmbad-Logo überzuziehen, stand sie bereits am Tresen des Bistros.

Für Lina war dieser Job ein Glücksfall. Sechs Wochen Vertretung in der Insel-Therme als Aushilfe im Bistro. Und sie konnte bei ihrer ältesten Freundin Suse wohnen, die seit Jahren auf der Insel lebte und bei der Gemeinde arbeitete. Den Tipp hatte Lina von Suse bekommen, die sie nicht lange überreden musste. Sechs Wochen mit Suse, sechs Wochen Sylt. Für sechs Wochen hatte sie jetzt einen Vertrag, sechs Wochen, in denen Marcus aus der gemeinsamen Wohnung ausziehen konnte, sodass bei ihrer Rückkehr nach Hamburg keine Spuren mehr von ihm zu finden wären. Sechs Wochen, in denen Linas Gedanken sich nicht mehr ausschließlich um diesen Idioten drehten, der sie seit Wochen betrogen und belogen hatte und die ganze Beziehung mit ihr vermutlich auch in den drei Jahren zuvor nicht so richtig ernst genommen hatte. Sechs Wochen, in denen sie überlegen konnte, wie es weiterging – was sie anschließend machen würde. Sie hatte in einem Hotel gearbeitet, das seinen Eltern gehörte. Dort hatte sie Marcus auch kennengelernt. Sofort nach dem Ende der Beziehung hatte sie gekündigt, sie wollte Marcus nicht mehr sehen, der als Koch in dem Hotel arbeitete. Sie erinnerte sich an die Erleichterung in den Augen ihrer Fast-Schwiegermutter, die sie ohnehin nie leiden konnte. Über das alles musste Lina jetzt nachdenken. Und wo ging das besser als auf einer Insel? Nach ihrem Abitur hatte Lina hier als Rettungsschwimmerin gearbeitet, sie hatte Suse kennengelernt, sich sogar in einen Rettungsschwimmerkollegen verliebt, einen wunderbaren Sommerflirt mit ihm gehabt. Es war der schönste Sommer ihres Lebens gewesen. Leider hatten sie sich danach aus den Augen verloren, es war eigentlich schade. Er war sehr süß gewesen. Vielleicht würde dieser Sommer ihre Seele wieder kitten.

Ihre neue Kollegin stand bereits am Becken und musterte sie anerkennend. »Meine Güte, haben Sie lange Beine. Und Sie wirken total durchtrainiert.«

Lina machte eine abwehrende Handbewegung. »Ich heiße Lina, ich finde es seltsam, sich zu siezen, wenn beide kurze Hosen tragen.«

»Sandra«, die Kollegin lachte. »Also noch mal, herzlich willkommen. Aber im Ernst, was machst du für einen Sport? Und wie oft?«

»Ich schwimme«, Lina band sich die Haare mit einem Gummi zu einem Zopf zusammen, »seit Jahren. Ich muss schwimmen, wenn ich Probleme habe. Und im Moment schwimme ich jeden Tag. Das hilft.«

»Jeden Tag?« Beeindruckt hob Sandra die Augenbrauen. »Was ist passiert?«

»Mein Freund hatte eine andere, ich habe es herausgefunden, jetzt zieht er hoffentlich gerade aus meiner Wohnung aus. Das Hotel, in dem ich gearbeitet habe, gehört seinen Eltern, da musste ich natürlich kündigen. Ich brauche jetzt etwas Zeit, um nachzudenken, was ich nun machen will, und ich freue mich sehr über diesen Übergangsjob. Kann ich hier auch morgens schwimmen?«

»Natürlich«, Sandra nickte. »Ab sieben Uhr, wenn du willst. Dein Arbeitsbeginn ist um zehn Uhr, da kannst du ordentlich Bahnen ziehen.«

»Wunderbar«, Lina lächelte. »Was für ein Glücksgriff.«

»Ich glaube, den haben wir auch mit dir gemacht.« Sandra lächelte zurück. »Auf gute Zusammenarbeit. Und auf einen spannenden Sommer.«

Liebe Paulina,
du wunderst dich bestimmt, dass ich dir schreibe und nicht mehr bei dir vorbeikomme, aber ich bin jetzt schon bei meiner Oma auf Sylt und bleibe hier erst mal. Meine Mama ist nämlich mit dem Fahrrad gestürzt und liegt mit einem gebrochenen Arm und einem gebrochenen Bein im Krankenhaus. Für zwei Wochen, also genau die Zeit, in der ich zu ihr nach Berlin kommen wollte. Und weil mein Papa einen Auftrag in Wien hat, bin ich jetzt bei meiner Oma. Und danach fahre ich noch mit Papa nach Dänemark. Ans Meer. Und dann sind die Sommerferien vorbei. Und deswegen ist heute der zweitschlimmste Tag meines Lebens. Und ich habe überhaupt keine

Idee, was ich machen soll, damit nicht gleich nach den Ferien der schlimmste Tag meines Lebens kommt. Das erzähle ich jetzt nur dir und du musst mir versprechen, dass du das auf keinen Fall jemandem erzählst. Ich habe nämlich gelogen, als Herr Braun im Sportunterricht gefragt hat, ob wir schwimmen können. Weil wir doch nach den Ferien einmal in der Woche in die neue Schwimmhalle gehen sollen. Alle können schwimmen, deshalb habe ich auch Ja gesagt. Aber ich kann das gar nicht. Und jetzt müssen wir unsere Schwimmabzeichen zeigen, ich habe aber kein einziges. Noch nicht mal das Seepferdchen. Ich war immer nur im Meer baden, und da gehe ich nie ins Tiefe, sondern bleibe immer vorne, das fällt gar nicht auf. Papa denkt, dass ich mit Mama in Berlin im Schwimmkurs war, der ist aber damals ausgefallen, und Mama denkt, dass Papa den mit mir in Hamburg gemacht hat. Sie reden ja nicht so viel miteinander. Und ich habe immer weiter gelogen und jetzt bin ich schon zehn, kann immer noch nicht schwimmen und habe so Angst vorm tiefen Wasser. Liebe Paulina, du bist ja meine beste Freundin, was soll ich denn jetzt machen? Oma kann auch nicht schwimmen, ich habe sie schon gefragt. Wenn Herr Braun das Schwimm-

abzeichen sehen will oder meinen Papa fragt oder mich einfach ins Becken von der neuen Schwimmhalle schubst, dann muss ich sterben. Wenn dir was einfällt, dann schreib mir sofort. Ruf lieber nicht an, damit Oma nichts mitkriegt, die würde es bestimmt Papa erzählen, dann kommt raus, dass ich gelogen habe, und dann muss ich bestimmt sofort in einen Schwimmkurs. Im tiefen Becken. Also, bitte schreib zurück, erst mal viele Grüße von Timmi

»Herzlich willkommen zur Eröffnung der Erdbeerbowlensaison«, Helga öffnete die Haustür und strahlte Inge und Charlotte an. »Kommt gleich durch in den Garten, bei diesem schönen Wetter feiern wir den Saisonstart draußen.«

Inge und Charlotte folgten ihr und betrachteten entzückt den schön gedeckten Gartentisch, auf dem die Bowlengläser und ein Strauß mit Frühlingsblumen standen. Mittendrin prangte das Bowlengefäß, die roten Erdbeeren glänzten in der Sonne. »Was sieht das alles schön aus, Helga«, sagte Inge und setzte sich auf einen der blauen Gartenstühle. »Wo ist denn eigentlich dein Enkel?«

»Timmi ist im Haus und spielt an seinem Computer.« Helga klang etwas bedrückt. »Der Kleine ist so still, ich weiß gar nicht, was ich mit ihm machen soll. Sonst war er immer so gern hier, aber dieses Mal … Vielleicht ging ihm auch alles zu schnell, seine Ferien waren ja ganz anders geplant. Und es ist ja auch ein bisschen langweilig für ihn, er hat hier keine Freunde und in unserer Straße wohnen keine Kinder mehr. Nur mit mir alter Oma den ganzen Tag verbringen ist für einen Zehnjährigen ja nun auch nicht das Gelbe vom Ei.«

»Helga«, Charlotte schnappte nach Luft, bevor sie sich empört setzte. »Du bist ja wohl nicht alt, du bist die Jüngste von uns. Was ist denn nun genau passiert, dass die Ferienpläne so plötzlich umgeworfen wurden? Das hast du in der Hektik letzte Woche gar nicht erzählt.«

Achselzuckend beugte sich Helga vor, um die Bowle in die Gläser zu füllen. »Was passiert ist? Tobias hat mich letzte Woche in heller Aufregung angerufen und gefragt, ob Timmi ganz spontan kommen könnte. Für zwei Wochen. Da habe ich natürlich Ja gesagt, er ist mein Enkel. Mein Sohn und seine Frau leben getrennt, er jetzt in Hamburg als Journalist und sie in Berlin als Pressereferentin eines großen Museums.« Sie presste die Lippen für einen Moment zusammen. »Meine Schwiegertochter ist ja immer schon ein bisschen, wie sagt man, kapriziös gewesen. Ich weiß nicht, warum die beiden überhaupt ein Kind wollten, sie hat sich nie viel um den Jungen gekümmert. Tobias hat seit Timmis Geburt viel von zuhause aus gearbeitet, er musste schon immer das Meiste im Haushalt machen, weil sie dazu keine Lust hatte. Als sie sich vor einem Jahr getrennt haben, ist sie nach Berlin gezogen, ohne Timmi, aber noch regelmäßig nach Hamburg gekommen, sogar ab und zu unter der Woche. Aber seit einiger Zeit hat sie einen Freund, und jetzt will sie, dass Timmi sie in Berlin besucht, damit sie nicht mehr nach Hamburg kommen muss.« »Unmöglich«, unterbrach Charlotte ihren Redefluss. »Das ist ja wirklich unmöglich. Als Mutter.« Helga nickte zustimmend. »Finde ich auch. Jedenfalls sollte Timmi jetzt in den Ferien nach Berlin, weil Tobias ein Porträt über irgendjemand in Wien machen muss. Für seine Zeitung. Aber letzte Woche ist meine Schwiegertochter mit dem Fahrrad gestürzt und liegt jetzt im Krankenhaus. Und bevor sich der neue Freund um Timmi kümmert, hat mein Sohn ihn lieber zu mir gebracht.«

»Deine Schwiegertochter ist ja sehr seltsam«, Inge fand diese Konstellation offensichtlich genauso unmöglich. »Was ist das denn für eine Mutter?«

Helga winkte ab. »Timmi hängt natürlich an seiner Mama, das ist ja auch gut so. Aber trotzdem. Jedenfalls ist er jetzt hier und soll schöne Sommerferien haben. Ich muss mir was für den Jungen ausdenken, er wirkt so bedrückt, vermutlich ist das die ganze Situation zuhause, die ihn so traurig macht. Ich sollte mal mit ihm ins Schwimmbad oder an den Strand gehen, da würde er vielleicht auch andere Kinder kennenlernen, aber ehrlich gesagt habe ich ein bisschen Angst vor der Verantwortung. Ich kann nicht besonders gut schwimmen, und als meine Kinder noch klein waren, war Hein ja immer mit dabei. Er war ein guter Schwimmer. Ich habe immer Angst gehabt, dass meinen Kindern was passiert und ich sie nicht retten kann. Und beim Enkelkind ist das nicht besser. Und ausgerechnet jetzt ist Onno auch nicht hier. Der kann ja gut schwimmen. Mir wird ganz übel bei dem Gedanken, was alles passieren kann.«

»Tja«, Inge nickte nachdenklich. »Das kann ich verstehen. Nur leider kann ich dich überhaupt nicht unterstützen, ich habe den Garten noch nicht fertig. Aber warte mal, apropos schwimmen, mir kommt da gerade eine ganz großartige Idee«, sie hob den Kopf und sah ihre Schwägerin mit großen Augen an. »Denkst du auch an das, an das ich gerade denke?«

Ein feines Lächeln erhellte Charlottes Gesicht, bevor sie langsam nickte. Dann wandte sie sich wieder an Helga. »Du, sag mal, es ist ja genug Erdbeerbowle da. Wollen wir Heinz und Walter anrufen, ob die auch Lust haben, ein Glas zu trinken? Auf den Sommeranfang? Und hol doch mal Timmi raus. Wir haben ihm auch was mitgebracht, hier, Schokolade, die mag er doch bestimmt.«

Eine halbe Stunde später waren zwei Fahrradklingeln zu hören, Timmi hob neugierig den Kopf und stellte sein Glas mit Apfelsaft vorsichtig auf den vollen Tisch.

»Sieh mal, Timmi, da kommen Heinz und Walter, das sind mit die besten Freunde von Opa Onno und mir. Die kennst du doch noch von Weihnachten, oder?«

Timmi nickte. »Walter hatte eine Weihnachtsmannmütze auf. Aber er hatte das Gedicht vergessen. Wann kommt Opa Onno denn wieder?«

Tröstend strich Helga ihrem Enkel über den Kopf. »Erst nächste Woche, er muss doch seiner Tochter Maren beim Umzug helfen.«

Onno hätte gewusst, wie man einen Zehnjährigen beschäftigen konnte, er hätte ihn mit zum Angeln und auf sein Segelboot genommen, an den Strand und zum Radfahren, Männer taten sich mit Jungs einfach leichter. Helga vermisste ihren Lebensgefährten sowieso, jetzt gerade noch mehr.

»Ja, wen haben wir denn da?« Begeistert ging Walter vor Timmi in die Hocke. »Das ist ja mein Freund von Weihnachten. Na, mein Junge, wie geht es dir? Hast du schöne Ferien bei Oma? Warst du schon am Strand?«

Tim lächelte höflich, schüttelte aber den Kopf. »Nein, noch nicht. Oma sagt, das Wasser ist noch zu kalt.«

»Das stimmt«, Walter knuffte Timmi spielerisch in die Seite, bevor er sich setzte. »Da musst du warten, bis Opa Onno wieder da ist, dann könnt ihr mit dem Boot am Strand entlangfahren.«

»Aber ihr könntet doch mal ins Schwimmbad gehen«, warf Charlotte ein, als wäre es ihr gerade eingefallen. »Heinz, du bist doch früher so gern geschwommen, das wäre doch mal wieder was. Was haltet ihr davon? Timmi hat Spaß und Bewegung und sieht andere Kinder, und ihr zieht ein paar Bahnen. Das Becken ist beheizt – und Schwimmen gut für die Gelenke und für die Figur.«

Timmi zog die Schultern hoch, während Walter

ablehnend den Kopf schüttelte. »Schwimmen? Gott bewahre. Und dann noch in einem öffentlichen Schwimmbad, nein, das muss nun wirklich nicht sein. Wir wohnen auf einer Insel, da geht man im Meer baden. Doch nicht in einem beheizten Becken.«

Heinz sah seinen Schwager irritiert an. »Was bist du denn für ein Snob? Das Schwimmbad ist gerade total modernisiert worden, das wollte ich mir sowieso mal ansehen. Das wäre doch ein guter Anlass. Und ich war tatsächlich immer ein sehr guter Schwimmer. Das verlernt man auch nicht, das ist wie Fahrradfahren. Was meinst du, Timmi, sollen wir mal einen Wettkampf machen? Ob mich so ein Junge wie du abschütteln kann? Der Gewinner bekommt ein Eis?«

Timmi sah auf den Boden. »Ich weiß nicht ...«, murmelte er, als Walter ihn schon unterbrach. »Also ich habe diese Woche überhaupt keine Zeit.«

»Doch, Walter«, Inges Einwurf klang entschlossen. »Du hast Zeit. Deine Arbeit im Garten ist erledigt, den Rest mache ich alleine, die Fahrräder sind fertig, wir haben überhaupt keine Termine, und wenn du es erst mal versuchst, macht es dir bestimmt Spaß. Schwimmen ist sehr gesund, das liest man überall. Im Meer ist es tatsächlich noch zu kalt, außerdem kann man da keine Bahnen schwimmen. Und dir kann Bewegung und Ausdauertraining nicht schaden, denk daran, was Dr. Kruse gesagt hat. Über deine Gelenke. Also, abgemacht, ihr beiden geht mit Timmi schwimmen. Nicht wahr, Timmi, du freust dich schon darauf?«

»Och, eigentlich habe ich nicht …«

»Siehst du«, Timmis Antwort ignorierend, schlug Inge Walter auf den Oberschenkel. »Dann fahrt doch morgen gleich mal hin und probiert es aus. Was meinst du, wie gut es deinen Gelenken tut und …«

»Inge, ich will nicht schwimmen gehen«, Walter wurde plötzlich laut, sogar Timmi sah ihn erschrocken an. Ganz langsam standen Charlotte und Inge auf. »Walter und Heinz, kommt ihr bitte mal mit? Wir wollen euch was zeigen.«

Als sie den grummelnden Walter außer Hörweite geschoben hatte, fasste Inge ihn am Arm. »Walter, der arme Timmi ist ein Trennungskind, seine Mutter ist im Krankenhaus, sein Vater in Wien, Helga will, dass er es schön hat in den Ferien, aber sie selbst ist keine gute Schwimmerin. Und deshalb traut sie sich weder mit ihm ins Hallenbad noch an den Strand. Und Onno ist nicht da, um zu helfen. Also, ihr seid

Freunde. Tu ihr doch den Gefallen.«

»Wir können doch irgendetwas anderes mit dem Jungen unternehmen«, Walters verschränkte Arme unterstrichen seine Ablehnung. »Kartenspiele oder so.«

»Karten kann man im Winter spielen«, Charlottes Stimme klang überzeugend. »Wir haben Sommer. Sonne, Wasser, Wärme, Bewegung, das gehört zu den Ferien. Und der arme Timmi wirkt irgendwie traurig, der braucht mal ein bisschen Spaß. Komm, gib dir einen Ruck, Walter.«

»Genau«, Heinz baute sich vor seinem Schwager auf. »Ein Ruck muss durch uns gehen. Wir Alten haben die Verantwortung für die Jungen. Ich bin ein sehr guter Schwimmer. Und du doch auch. Also, such deine Badehose raus, morgen Nachmittag hol ich dich ab.«

»Nein«, Walter winkte ab. »Da ist mir das viel zu voll. Nein, wenn, dann morgens. Da ist es billiger. Also bis zwölf. Stand neulich in der Zeitung. Ich will ja kein Vermögen ausgeben.«

»Gut«, Heinz klopfte ihm auf die Schulter. »Morgens. Dann um zehn. Da wird der Junge sich aber freuen. Mit zwei Leihopas ins Schwimmbad. Wer hat das schon?«

»Eine große Pommes Schranke«, das pummelige Mädchen im knallroten Badeanzug stand am Tresen und brüllte Lina ihre Bestellung zu.

»Was heißt denn Schranke?« Lina beugte sich näher zu ihr, der tropfnasse Badeanzug hinterließ Wasserspuren auf dem Fußboden.

»Ketchup, Majo«, mit einem Augenrollen schob das Mädchen einen feuchten Fünfeuroschein rüber. »Pommes, Ketchup, Majo. Und groß.«

Kopfschüttelnd gab Lina die Bestellung ein. Kein Wunder, dass es immer mehr dicke Kinder gab. Große Pommes Schranke. Um elf Uhr vormittags. Nicht zu fassen. »Setz dich schon mal hin«, sagte Lina laut. »Und leg ein Handtuch unter deinen Po. Du bist ganz nass. Nicht alle Gäste kommen aus dem Schwimmbad. Man kann hier auch was trinken, ohne Badegast zu sein.«

»Mir doch egal«, das Mädchen war nicht nur pummelig, es war auch schnippisch. »Ich kann ja wohl nicht trocken aus dem Wasser kommen.«

»Es gibt aber Handtücher.« Lina hätte sich die Antwort sparen können, die kleine Dicke war weitergegangen. Und setzte sich in diesem Moment mit ihrem nassen Badeanzug auf den Stuhl. Nicht ohne Lina einen triumphierenden Blick zuzuwerfen.

Es war wirklich nicht zu fassen. Lina hätte sie mit Freude ins Becken geworfen, damit sie mal ein bisschen abkühlte. Es waren eine Menge Kinder hier, Lina war nur erstaunt, dass viele von ihnen mehr im Bistro vor Cola und Pommes saßen, als zu schwimmen. Wenn sie ins Wasser gingen, dann in die warmen Whirlpools, wo sie kreischend und Wasser spritzend warteten, bis sie wieder Hunger bekamen. Natürlich gab es auch andere Kinder. Kinder, die, von ihren Eltern begleitet, tatsächlich ihre Bahnen schwammen oder Tauchübungen machten, bis sie schrumpelige Fingerkuppen und blaue Lippen hatten. Die meisten allerdings waren laut und verfressen und eigentlich nicht zum Schwimmen hier. Ihren neuen Job mochte Lina trotzdem. Es gab wunderbare Gäste, ein paar Rentner, die jeden Morgen als Erstes ins Bad kamen, ihre Runden schwammen und anschließend zusammen bei Kaffee und Brötchen über die Neuigkeiten des Tages redeten. Nette Mütter, die ihre kleinen Kinder zum Schwimmen brachten und danach noch im Bistro zusammensaßen, und Großeltern, die mit ihren Enkeln die Ferien verbrachten und deren Schwimmkünste von den Liegestühlen am Beckenrand aus mit besorgten, aber auch stolzen Blicken verfolgten.

»Entschuldigung«, die schüchterne Stimme des Jungen holte Lina aus ihren Gedanken. Er war hellblond, schmal und ganz trocken. Das genaue Gegenteil der nassen Pummeligen. Lina lächelte ihn an.

»Ich habe dich gar nicht kommen sehen. Was möchtest du denn?«

»Eine Fanta bitte.«

»Und eine schöne Tasse Kaffee für mich.« Der Mann, der hinter ihm aufgetaucht war, musste der Opa sein. Er hatte einen Bademantel an und sah auch nicht so aus, als wäre er schon im Wasser gewesen. Lina nickte, stellte eine Tasse unter die Kaffeemaschine und brachte schnell die Pommes zur kleinen Dicken. Als sie zurückkam, stand ein zweiter Mann neben dem Jungen, ohne Bademantel, nur in Badehose und mit einem Handtuch, das über seiner Schulter hing. »Walter, wieso trinkst du jetzt Kaffee? Wir wollen doch ins Wasser.«

»Wir sondieren erst mal die Lage«, war die freundliche Antwort. »Und Timmi hatte so einen Durst. Stimmt doch, Timmi, oder?«

Der Junge nickte, griff erleichtert nach der Fanta und sah zu dem Bademantelmann hoch. »Sollen wir uns an einen Tisch setzen?«

»Ja, natürlich. Alles in Ruhe. Hier wird nicht im

Stehen getrunken.«

Die beiden setzten sich hin, während der andere Mann sein Handtuch ordentlich faltete, es auf einen Liegestuhl legte und zu einer der Duschen am Beckenrand ging.

Vom Tresen aus warf Lina ab und zu einen Blick auf das Duo. Der Junge war süß, fand sie, auch wenn sie selten jemanden gesehen hatte, der so lange brauchte, um ein Glas Fanta auszutrinken. Wobei sein Opa auch nicht schneller war, in aller Ruhe rührte er in seiner Tasse und beobachtete dabei die anderen Badegäste.

Die nächste Traube Kinder stand vor ihrem Tresen, Lina konzentrierte sich auf Pommes, Eis und Getränke und hatte alle Hände voll zu tun. Als der Ansturm vorbei war, fiel ihr Blick wieder auf den Tisch der beiden. Sie saßen immer noch da, redeten nicht miteinander, sondern starrten nur gedankenverloren zum Becken. Lina fragte sich, was mit ihnen los war.

Mit einem feuchten Lappen in der Hand ging sie zu ihnen und begann, die Tische in ihrer Umgebung abzuwischen, bis sie endlich vor ihnen stehen blieb. »Möchtet ihr noch etwas?«

»Nein danke«, der Junge zeigte auf sein noch fast

volles Glas. »Ich habe noch.«

Sie hatten jetzt über eine halbe Stunde hier gesessen, und Lina fragte sich, warum die beiden überhaupt ins Schwimmbad gekommen waren. Das fragte sich auch der andere Mann, der jetzt gerade in sein Handtuch gewickelt dazu kam. »Walter, Timmi, ihr sitzt da ja immer noch. Jetzt mal zack, zack, ins Wasser oder soll ich die ganze Zeit alleine schwimmen? Ich habe schon vier Bahnen zurückgelegt und ihr seid noch nicht mal nass. Wir haben nur noch eine halbe Stunde. Dann müssen wir nachzahlen. Also, auf jetzt.«

Er griff nach der Hand des Jungen, der zuckte ängstlich zusammen und zog seine Hand schnell zurück. Lina trat einen Schritt näher, irgendetwas stimmte hier nicht, der Junge saß da wie ein Häufchen Elend. Bei Lina gingen die Alarmglocken los, es gab genug Geschichten über Kinder, die gequält oder entführt wurden, man sollte aufmerksamer sein. Als sie die Tränen bemerkte, die ihm plötzlich über die Wangen rollten, beschloss sie einzugreifen. »Ist das eigentlich Ihr Enkel?«, fragte sie, allerdings bekam sie keine Antwort, der Mann in Badehose war sofort in die Hocke gegangen und sah Timmi erschrocken ins Gesicht. »Ach Gott, was ist denn los? Tut dir was weh?«

»Ich kann nicht schwimmen«, vor lauter Schluchzen konnte man Timmis Antwort kaum verstehen. Lina ging noch näher heran.

»Und ich muss … Abzeichen … nach den Ferien … Papa denkt, dass ich mit Mama … aber Mama habe ich gesagt, dass Papa … gelogen …«

»Ich verstehe kein Wort«, Hilfe suchend sah der Mann hoch. »Walter, weißt du, was er meint? Timmi, sollen wir zu Oma fahren?«

»Er kann nicht schwimmen«, mischte sich jetzt Lina ein, der weinende Junge ging ihr ans Herz. »Und anscheinend ist das für ihn ein großes Problem. Ist das Ihr Enkelsohn?«

»Was?« Erst jetzt hatten die beiden Männer sie bemerkt. Der Bademantelmann stand auf. »Nein. Er ist der Enkel einer Freundin. Und mein Schwager Heinz und ich sind mit ihm hier, weil seine Oma nicht schwimmen kann.«

Auch Heinz war aus seiner unbequemen Haltung hochgekommen und gab Lina jetzt aus einem Impuls heraus die Hand. »Heinz Schmidt, angenehm. Herrje, was machen wir denn jetzt? Kinder müssen doch in dem Alter schwimmen können?«

»Es ihm beibringen?« Lina warf einen Blick auf den verzweifelten Timmi und legte ihm die Hand auf die

Schulter. »Hey, schwimmen ist gar nicht so schwer. Es gibt Kurse, in denen man das lernen kann. Du kannst ...«

»Hallo? Bedient hier denn keiner?« Die laute Stimme kam vom Tresen und gehörte einer Frau mit zwei Kindern, die sich ungeduldig umsah. Lina drehte sich um. »Ich komme«, rief sie zurück, bevor sie sich an Heinz wandte. »Es gibt hier auch Schwimmkurse. Vielleicht ist ja noch ein Platz frei.« Sie ging zum Tresen und Heinz sah erst ihr nach und dann Walter und Timmi an.

»Schwimmkurse«, wiederholte er mit einem Kopfschütteln. »Jetzt mal ehrlich, Walter, wir haben doch unseren Kindern das Schwimmen auch beigebracht. Was meinst du, Timmi? Masterplan? Walter und ich machen dich zum Superschwimmer? Ist das nicht besser als so ein Kurs mit lauter kleinen, lauten Kindern?«

Immer noch mit Tränen in den Augen hob Timmi den Kopf. Dann nickte er ganz langsam und antwortete mit ängstlicher Stimme: »Ich habe aber Angst im Tiefen.«

»Das, mein Freund«, Walter legte ihm kumpelhaft die Hand auf die schmale Schulter, »das kriegen wir zusammen hin.«

»Was machst du da?« Irritiert blieb Inge am nächsten Morgen an der Tür des Arbeitszimmers stehen und sah Walter zu, der einen Stapel ausgedruckter Seiten auf dem Boden sortierte. Die Hälfte des Fußbodens war bereits mit Papier bedeckt.

»Ich bereite mich auf ein Projekt vor«, war die Antwort. »Schwimmtraining in Theorie und Praxis. Im Internet habe ich mehrere Trainingsanweisungen gefunden und ausgedruckt. Hier, sieh mal, es sind Schaubilder dabei, alles über die richtigen Übungseinheiten, Vorbereitungen und Zielsetzungen. Ich bringe das nur noch in die richtige Reihenfolge. Ich glaube, die Kapitel mit den Belastungstests bezüglich Pulsfrequenzen und Muskelaufbau kann ich erst mal vernachlässigen, das wäre vielleicht der zweite Schritt.«

Stirnrunzelnd hob Inge ein Blatt auf und überflog es. »Bringt dem Kind doch einfach schwimmen bei«, sagte sie und legte es wieder zurück. »Du musst doch nicht so ein …«

»Bring mir die Reihenfolge nicht durcheinander«, Walter nahm das Blatt sofort wieder hoch. »Das ist alles durchdacht. Hast du die Klarsichtfolien gesehen? Sie sind nicht in der Schreibtischschublade, die hast du irgendwohin geräumt. Nicht, dass die

Bögen in der Schwimmhalle feucht werden.«

Eine halbe Stunde später kam Heinz, um ihn abzuholen. Timmi saß bereits im Auto, seine ängstliche Aufregung war ihm anzusehen. Als Walter sich auf die Beifahrerseite setzte, drehte er sich kurz zu ihm um. »Keine Angst, Kumpel«, sagte er. »Ich habe eine todsichere Methode gefunden, schwimmen zu lernen. Das wäre ja gelacht, wenn wir das nicht zusammen hinbekommen. Ich mache mit dir die Theorie und Heinz macht die Praxis. Du sollst mal sehen, wie schnell aus einem Nichtschwimmer ein Wettkämpfer wird. Mark Spitz, sage ich nur.«

»Was?« Timmi sah ihn fragend an.

»Der kennt doch Mark Spitz nicht mehr«, Heinz startete den Motor und sah in den Rückspiegel. »Das war ein Weltklasseschwimmer. Alle olympischen Medaillen abgeräumt. Hatte aber einen blöden Schnauzbart. Musst du dir nicht merken, lass dich nicht von Walter durcheinanderbringen.«

Es waren nur wenige Schwimmer im Becken, Walter sah das mit Erleichterung und war zufrieden mit der Entscheidung, schon so früh loszufahren.

Während Heinz unter der Dusche stand, setzte er

sich im Bademantel auf einen der Liegestühle und sortierte seine Blätter. Dann sah er Timmi an. »Wir beginnen mal mit dem Aufwärmen«, erklärte er. »Bitte mit den Armen kreisen, erst mit dem rechten, dann mit dem linken, dann beide zusammen.« Als Heinz dazukam, stand Timmi breitbeinig vor Walter und ließ beide Arme rotieren, als wollte er gleich abheben. Heinz sah einen Moment zu, bis er sich erkundigte: »Wie lange geht dein Aufwärmprogramm?«

»Zehn Minuten«, Walter hatte wieder auf das Blatt gesehen.

»Okay, dann besorge ich uns mal ein paar Gerätschaften.«

Lina schlug am Beckenrand an und sah auf die Uhr. Drei Sekunden unter ihrer Bestzeit, sie ballte siegreich die Faust. Und heute Nacht hatte sie zum ersten Mal nicht von Marcus geträumt, sondern von ihrem wunderbaren Sommer als Rettungsschwimmerin. Und von einem Rettungsschwimmer mit blauen Augen, der so gut küssen konnte.

Sie zog sich langsam aus dem Becken und blieb noch einen Moment mit gesenktem Kopf schwer atmend am Rand sitzen. In einer halben Stunde begann ihr Dienst. Dass sie hier jeden Morgen schwimmen konnte, fand sie großartig. Der Job war wirklich ein Glücksgriff. Sie schwang ihre Beine aus dem Wasser und schlüpfte in die Flipflops, die sie an den Beckenrand gestellt hatte. Im Gehen rubbelte sie mit dem Handtuch ihr Haar trocken und blieb bei dem Anblick, der sich ihr bot, abrupt stehen. Im Nichtschwimmerbecken ließ Heinz sich auf einer rosafarbenen Poolnudel treiben, während Timmi auf dem Trocknen bäuchlings Schwimmbewegungen machte, die Walter korrigierte. »Wie schwimmt ein Frosch? Ja, genau so, Timmi, aber größere Kreise mit den Armen. Ja. Es wird, es wird.«

Der arme Timmi hatte bereits einen hochroten Kopf, während Walter einen Ordner mit lauter Klarsichtfolien in der Hand hielt, in dem er vor der nächsten Anweisung hektisch blätterte. »So, und jetzt machen wir eine Übung in Rückenlage.«

Neben ihm lagen Schwimmflügel, ein Korkbrett, eine Schwimmbrille und Taucherflossen. »Guten Morgen. Ist das hier ein Schwimmkurs?« Lina war stehen geblieben und betrachtete die Ausrüstung.

Walter blickte sie über seine Brille hinweg gut gelaunt an. »Guten Morgen ... ach, Sie sind das, ich habe Sie nicht sofort erkannt. Sie sehen ja sportlich aus.«

Lina nickte und sah Timmi an. »Und? Hast du es auch schon im Wasser versucht?«

Erschöpft setzte er sich auf. »Nein, noch nicht. Walter macht mit mir die Theorie und danach versuche ich es dann in echt. Aber erst mal im Nichtschwimmerbecken. Weil ich da Grund habe. Und mit Schwimmflügeln. Und mit Korkbrett. Dann kann ich ja nicht untergehen, oder?«

»Nein«, Lina grinste. »Das schafft niemand. Dann viel Erfolg. Und falls du hinterher eine Fanta willst, ich habe gleich Dienst.«

»Danke«, langsam stand er auf und sah unschlüssig zu Heinz. »Und jetzt muss ich da rein?«

»Ja, ja«, Heinz umklammerte die Poolnudel, als er zum Beckenrand watete. Das Wasser ging ihm gerade mal bis zum Bauch. »Walter soll dir die Schwimmflügel aufpusten.«

Liebe Paulina,
vielen Dank für deine Antwort. Du hast geschrieben, ich soll meiner Oma alles erzählen, aber jetzt ist schon was anderes passiert. Opa Onno, das ist der zweite Mann von Oma, habe ich dir aber, glaube ich, schon erzählt, also Opa Onno und Oma haben zwei Freunde, die heißen Heinz und Walter.

Die sind auch schon so alt wie Oma und Opa Onno, aber nett. Jedenfalls habe ich das denen gesagt, also alles, mit dem Schwimmen und dem Lügen und so. Als wir das erste Mal im Schwimmbad gewesen sind. Ich habe nämlich gesagt, ich habe Durst, und bin mit Walter, der hatte auch Durst, was trinken gegangen. Walter wollte nämlich auch nicht unbedingt ins Wasser. Heinz ist dann alleine geschwommen und wir haben so langsam getrunken, dass wir es fast bis zum Ende der Zeit geschafft haben. Wir mussten ja um zwölf wieder raus, sonst muss man nachzahlen, und das wollte Walter nicht. Aber kurz bevor die Zeit um war, ist Heinz dann doch noch gekommen und wollte mich holen. Und da war ich so erschrocken, jedenfalls habe ich, ach, ist egal, ich habe es dann erzählt. Da war noch eine Frau dabei, sie heißt Lina und sie arbeitet da und verkauft Pommes und so, die ist total nett und sie kann gut schwimmen und ist ganz hübsch und sie hat gesagt, es gibt hier Schwimmkurse. Aber genau vor denen habe ich ja Angst, das mochte ich nur nicht sagen. Und dann hat Heinz gesagt, dass er und Walter das mit mir machen. Sie bringen mir das Schwimmen bei, das haben sie versprochen.

Heute war jetzt der erste Tag, und das war eigentlich

ganz lustig. Walter hat mir alles erst im Trockenen gezeigt, ich soll tun, als wäre ich ein Frosch, und die Luft aus dem Mund pusten und die Knie immer zusammenhalten und ganz viele andere Sachen machen. Er hat mir die Zeichnungen mitgegeben, alle in Folie, die soll ich mir heute Abend vorm Einschlafen noch mal angucken. Und unters Kissen legen, ich weiß nur nicht genau, warum. Jedenfalls bin ich dann danach mit Heinz ins Wasser gegangen. Walter hat vom Beckenrand immer die Kommandos gerufen, ich lag auf einem Korkbrett, hatte Schwimmflügel an den Armen und habe mich an so einer Poolnudel festgehalten, die Heinz gezogen hat. Das Wasser war schön warm, außer uns war gar keiner da, es hat sogar Spaß gemacht. Ich konnte nur nicht so gut die Kommandos befolgen, weil meine Beine und Arme gar nicht richtig unter Wasser waren. Wegen der Poolnudel und dem Korkbrett und den Schwimmflügeln, ich bin mehr so übers Wasser geschwebt. Aber Walter hat mich trotzdem gelobt und Heinz hat gesagt, wir üben jetzt Schritt für Schritt.

Morgen geht es weiter. Also drück mir die Daumen, dass ich das hinbekomme.

PS: Ich habe die hübsche Lina gefragt, ob es hier auch

Kinder gibt, die das Seepferdchen oder die anderen Abzeichen machen, sie hat Ja gesagt. Das wollte ich schon mal zur Sicherheit wissen. Bis bald und viele Grüße, Tim

Drei Tage später stieß Lina beinahe mit Timmi zusammen. Sie war nach dem Schwimmen zu den Umkleidekabinen gegangen und hatte Timmi nicht gesehen, der ihr langsam entgegenkam.

»Hallo«, sagte sie sofort und blieb stehen. »Was macht das Schwimmtraining?«

Unschlüssig hob er die schmalen Schultern. »Ich soll heute das erste Mal ins tiefe Becken«, antwortete er leise. »Aber Heinz und Walter streiten sich gerade, weil Walter noch nicht mit seinen Trockenübungen durch ist. Und ich soll mit beiden ins Wasser gehen. Aber Walter sagt, er ist heute unpässlich, es würde doch reichen, wenn Heinz im Wasser ist. Aber der meint, er hat da jemanden gesehen, den er von früher kennt, und deshalb schwimmt er jetzt nicht wie eine lahme Ente neben mir. Das soll Walter machen, Heinz schwimmt vor und nimmt mich dann in Empfang. Oder so ähnlich.« Er sah treuherzig zu ihr auf. »Ich bin schon mal vorgegangen. Ich setze mich noch einen Moment in den Whirlpool, der ist so schön warm.«

»Mach das mal.« Lina sah über ihn hinweg in den Gang, in dem gerade die beiden Streithähne auftauchten. Männer konnten so albern sein.

»Guten Morgen, junge Frau«, Heinz strahlte sie an. »Na, wieder einen Rekord gebrochen? Ich habe Ihnen ein paar Mal zugeschaut, das sieht ja richtig professionell aus.«

»Ja, danke«, Lina lächelte ihn an. »Ich mache das auch schon ein paar Jahre. Und war lange im Verein. Und? Wie weit kann Timmi schon schwimmen?«

Etwas betreten sah Walter sie an. »Was heißt, wie weit? Wir sind ja noch mitten in der Vorbereitung. Es geht ja auch um Taktik und Trainingstechniken. Das kann man nicht so übers Knie brechen.«

»Müsste er nicht langsam mal ins Becken?«, bemerkte Lina vorsichtig. »Ich schaue mir das schon ein paar Tage an, und Trockenübungen sind ja schön und gut. Aber er sollte schon mal nass werden …«

»Er war doch im Wasser«, Walter zeigte auf das Nichtschwimmerbecken. »Da ist er doch schon geschwommen wie ein Fisch. Nach optimaler Vorbereitung.«

»Er lag auf einem Korkbrett und hing an einer Poolnudel«, korrigierte Lina ihn. »Und an den Armen hatte er Schwimmflügel. Da können Sie ihn auch auf eine Luftmatratze legen, so lernt er das nicht.«

»Aber er bekommt ein Gefühl fürs Wasser«, Walter deutete auf den Whirlpool. »Da sitzt er doch schon wieder drin. Die reinste Wasserratte.«

Lina folgte seinem Blick. »Er sitzt da drin, weil er friert«, sagte sie lakonisch. »Wenn Sie möchten, übe ich morgen früh ein bisschen mit ihm. Gleich beginnt leider mein Dienst.«

»Das ist nett, aber wir bringen es ihm schon bei«, Heinz hob energisch das Kinn. »Und jetzt ziehe ich ein paar Bahnen, bis ihr so weit seid. Außerdem muss ich Hans-Gerd begrüßen. Das ist dieser Angeber, der auf der Außenbahn krault. Der hat sogar gerade eine Rollwende gemacht, nur weil alle gucken.«

Er ließ Lina und Walter stehen, ging mit langen Schritten zum Beckenrand, stieg auf einen Startblock und machte einen Kopfsprung, bei dem er nur um zehn Zentimeter den Angeber Hans-Gerd verfehlte.

»Das war knapp«, sagte Walter bewundernd. »Und jetzt zeigt er es ihm richtig.«

Tatsächlich pflügte Heinz wie der junge Jonny Weißmüller durchs Wasser, während Hans-Gerd sich am Beckenrand festklammerte und nach Luft schnappte. Anscheinend erholte er sich noch von dem Schock, dass Heinz ihm fast auf den Kopf gesprungen wäre. Lina schüttelte den Kopf und ging zum Umziehen zu den Kabinen.

Sie hatte gerade zwei Kaffee, drei Cola und eine große Pommes an einen Tisch gebracht, als ihr Blick auf das Schwimmbecken fiel. Heinz lieferte sich ein Wettrennen mit diesem Hans-Gerd, bei dem er knapp führte. Die beiden waren so in ihrem Ehrgeiz gefangen, dass sie kaum bemerkten, dass die anderen Schwimmer erschrocken auseinanderstoben. Eine Frau beschwerte sich lautstark, und Lina sah, wie einer der Bademeister langsam zum Beckenrand ging und sich auf einen der Startblöcke setzte. Die beiden Herren würden sich gleich eine Predigt über rücksichtsvolles Verhalten im Schwimmbad anhören müssen. Sobald sie angeschlagen hatten, würde der Spaß vorbei sein, Lina konnte sich kaum ein Lächeln verkneifen. Das verging ihr allerdings im nächsten Moment, als sie mit dem Tablett in der Hand zurück zum Tresen ging und dabei zum anderen Beckenrand hinübersah. Dort stand Timmi, der zitternd wie ein hypnotisiertes Kaninchen ins Wasser starrte. Lina blieb stehen, war aber beruhigt, als sie Walter hinter ihm entdeckte, der sich endlich mal den Bademantel ausgezogen hatte. Anscheinend hatte ihr Gespräch gefruchtet, Walter würde jetzt mit Timmi im tiefen Becken üben. Und das ohne Hilfsmittel. Allerdings schien der Junge wirklich Angst zu haben. Und dann ging alles sehr schnell. Ob Timmi auf dem nassen Boden ausgerutscht war oder ob er einem der vorbeirennenden Kinder ausweichen wollte, konnte Lina nicht erkennen. Was sie aber sah, war, dass Timmi plötzlich im Wasser war, wild mit den Armen ruderte und panisch wurde. Und nur eine Zehntelsekunde später Walter, der wie ein nasser Sack ins Wasser plumpste, kurz auftauchte, wieder unterging, strampelnd nach Luft schnappte, sich Timmi irgendwie näherte und wieder unterging. Ohne zu überlegen, ließ Lina ihr Tablett fallen, rannte los und sprang hinterher.

»Sie haben mir das Leben gerettet«, Walter saß in seinen Bademantel gehüllt, immer noch etwas blass um die Nase am Tisch in der hintersten Ecke des Bistros. Timmi sah Lina immer noch mit großen Augen an, während sie Walter tadelnd fragte: »Warum haben Sie denn nie gesagt, dass Sie nicht schwimmen können?«

»Es hat mich niemand gefragt«, war die kleinlaute

Antwort.

»Sehr gute Aktion, Frau Kollegin«, einer der Bademeister war zu ihrem Tisch gekommen, um Lina die Hand zu schütteln. »Ich habe schon gehört, dass Sie ausgebildete Rettungsschwimmerin sind. Respekt.«

»Der Junge hat es ja selbst zurück an den Rand geschafft«, Lina wurde diese geballte Aufmerksamkeit langsam peinlich. »Das hast du gut gemacht, Timmi.«

Der Junge nickte schüchtern. »Ich wollte Walter helfen. Aber du warst ja schneller. Ich hatte Angst, dass er untergeht. Weil er ja nicht schwimmen kann. Das habe ich mir schon gedacht, er trinkt ja genauso langsam wie ich, wenn er ins Wasser muss.«

»Aha.« Heinz sah seinen Schwager kopfschüttelnd an. »Wir kennen uns seit fast fünfzig Jahren und du hast nie was gesagt. Ich hätte dir das ruckzuck beigebracht. Stattdessen säufst du hier unter den Augen von diesem Angeber Hans-Gerd ab. Mann, Mann.«

»Entschuldige, dass die Gelegenheit unpassend war.« Walter funkelte ihn böse an. »Aber weil du hier den wilden Mann markierst und dir mit Hans-Gerd einen Wettkampf lieferst, lässt du deinen Schützling fast ertrinken.«

»Meinst du damit dich oder Timmi?«

»Jetzt ist es aber gut«, energisch unterbrach Lina die Kabbelei. »Timmi, ich gehe hier jeden Morgen um acht Uhr schwimmen. Wenn die Herren oder deine Oma dich herbringen, dann üben wir zusammen und nächste Woche kannst du es. Was hältst du von der Idee?«

Statt zu antworten, lächelte er sie an.

»Wir können dich fahren«, war Heinz' prompte Antwort.

»Ich habe durch das Schwimmen schon ein Kilo abgenommen«, er klopfte sich stolz auf seinen Bauch. »Ich werde noch etwas weitertrainieren. Und du, Walter, könntest währenddessen einen Kursus in Aquagymnastik belegen. Man steht dabei im Wasser, da musst du gar nicht schwimmen können. Und es ist hervorragend für die Gelenke. Ja, das sollten wir genau so machen.«

»Also«, Lina hielt Timmi die Hand hin. »Abgemacht?« Er klatschte ab.

Eine Woche später.

»Wie seid ihr bloß auf diese Idee gekommen?« Inge rutschte mit ihrem Stuhl ein Stück zur Seite, damit Charlotte mehr Platz hatte. »Also, hier im Bistro Kaffee zu trinken und dabei auf die Schwimmbecken zu gucken. Ich war ja noch nie hier drin, wir gehen immer nur zum Strand, nie in eine Badeanstalt.«

»Kein Mensch sagt mehr Badeanstalt«, antwortete Charlotte und warf der gegenübersitzenden Helga einen belustigten Blick zu.

Die neigte sich zu Inge. »Seid ihr denn im Winter nie schwimmen gegangen?«

Inge schüttelte den Kopf. »Nein. Komisch, jetzt wo du das sagst, wirklich nie. Ich wollte immer mal, aber Walter hatte nie Lust. Er geht immer nur in die Sauna, und das bekommt mir leider nicht.«

Charlotte verschränkte die Arme vor der Brust und lächelte. »Walter kann nicht schwimmen. Deshalb hatte er keine Lust.«

»Unsinn«, Inge sah sie skeptisch an. »Wie kommst du denn darauf?«

»Hast du ihn jemals schwimmen sehen?« Charlotte hielt Inges Blick stand. »Am Strand steht er immer nur im flachen Wasser. All die Jahre. Er ist nie ins Tiefe gegangen. Und jetzt hat er das gebeichtet. Weil er letzte Woche hier fast ertrunken wäre.«

»Was?«, entsetzt hielt Inge sich die Hand vor den Mund. »Das ist nicht dein Ernst. Davon hat er mir nichts gesagt. Woher weißt du das denn?«

»Das hat Heinz mir erzählt. Unter dem Siegel der

Verschwiegenheit.«

»Und warum erzählst du es mir jetzt? Und ausgerechnet hier?«

»Weil …« Die Ankunft eines großen, gut aussehenden Mannes, der plötzlich an ihrem Tisch auftauchte und sich etwas atemlos zu Helga runterbeugte, unterbrach Charlottes Antwort.

»Hallo, Mama«, er küsste Helga auf die Wange. »Ich habe es geschafft. Hat es schon angefangen?«

»Ach, wie schön«, sofort sprang sie auf und fiel ihm in die Arme. »Tobias, mein Schatz, dass das geklappt hat. Und nein, sie haben noch nicht angefangen, aber gleich geht´s los.«

Lächelnd löste er sich von ihr und begrüßte Charlotte und Inge. »Hallo, die Damen, ich …«

»Sie kommen.« Helga deutete aufgeregt in Richtung Schwimmbecken. »Es geht los.«

Es ähnelte dem Aufmarsch vor einem Boxkampf. Zuerst kam ein Bademeister, danach eine sehr hübsche, langbeinige Frau im Badeanzug, die einen schmalen blonden Jungen in Badehose an der Hand hielt. Zwei ältere Männer in Bademänteln folgten, von denen einer seine Kapuze tief ins Gesicht gezogen hatte. Er tänzelte noch nicht, sah aber aus, als würde er gleich damit anfangen.

»Walter«, Inge starrte entgeistert auf die Truppe. »Wieso hat der seine Kapuze auf?«

Niemand antwortete, dafür beobachteten sie gebannt, wie die junge Frau mit einem gekonnten Kopfsprung ins Wasser sprang, der Junge sich vorsichtig vom Beckenrand gleiten ließ und in ihre Richtung schwamm und die beiden Männer ihre Bademäntel abwarfen. Als die Frau und der Junge langsam losgeschwammen, sprang Heinz vom Startblock und wartete am Beckenrand, bis Walter rückwärts die Treppe runtergeklettert war und im Wasser die ersten unsicheren Züge machte. Auch sie schwammen langsam los. Sehr langsam.

»Er kann ja doch schwimmen«, bemerkte Inge unsicher, während Tobias die Augen zusammenkniff und sich langsam nach vorn beugte. »Wer ist denn die Frau?« Helga sah zu ihr hin. »Sie heißt Lina Schröder und hat deinem Sohn in den letzten Tagen mit einer Engelsgeduld das Schwimmen beigebracht.«

»Aber wieso schwimmt …«, Inge wollte noch etwas sagen, aber Helga legte den Finger auf die Lippen. »Passt auf. Er muss die ganze Bahn schwimmen.«

Der Bademeister ging langsam am Beckenrand entlang, den Blick auf die vier Schwimmer gerichtet. Lina schwamm dicht neben Timmi, sagte ab und zu etwas, während Walter mit hochrotem Kopf und sehr konzentriert neben Heinz paddelte. Als Lina und Timmi den Beckenrand fast erreicht hatten, rief sie ihm etwas zu, drehte um und schwamm zurück, Timmi folgte ihr. Auch der Bademeister wandte sich um und schlenderte wieder zurück, immer parallel zu Timmi.

»Walter geht raus«, Charlotte deutete zum anderen Ende der Bahn. »Aber er hat eine ganze Bahnlänge geschafft.«

Irritiert beobachtete Inge ihren Mann, der sich die Treppe hochhangelte, erschöpft am Beckenrand sitzen blieb, aber von Heinz beglückwünscht wurde, als hätte er soeben den Iron Man gewonnen.

»Das muss er mir mal in Ruhe erklären«, sagte sie leise. »Aber ich finde, er sieht ziemlich durchtrainiert aus. Oder?«

»Heinz auch«, antwortete Charlotte stolz. »Die neue Sommerhose müsste ihm eigentlich schon passen.«

»Herzlichen Glückwunsch«, der Bademeister überreichte dem strahlenden Timmi zwei Urkunden. »Ich gratuliere zum bestandenen Seepferdchen und darüber hinaus zum Freischwimmer. Gut gemacht.«

Timmis Augen glänzten, als er vorsichtig die Urkunden in die Hand nahm. Er sah zu Lina hoch, die genauso stolz neben ihm stand. »Du hast geschummelt«, sagte er aufgeregt. »Du hast gesagt, ich muss weiterschwimmen, dabei hatte ich das Seepferdchen schon lange.«

Lina lachte. »Ich wusste, dass du beides schaffst. Hat ja auch geklappt.«

»Und als Zweites«, der Bademeister wedelte mit einer weiteren Urkunde, »habe ich hier noch eine Seepferdchen-Urkunde für Walter Müller.«

Jetzt sah Timmi voller Stolz zu Walter, der langsam zum Bademeister ging und seine Urkunde in Empfang nahm. »Danke«, sagte er und verbeugte sich. »Vielen Dank.«

Die Arme ausgebreitet, wandte er sich Timmi zu, der ihm mit Anlauf in den Arm sprang. »Wir sind Superhelden, Walter, und nächste Woche machst du dann auch noch deinen Freischwimmer!«

Über Walters Schulter konnte er ins Bistro sehen. »Papa«, rief er plötzlich und schlug Walter aufgeregt auf den Arm. »Da ist mein Papa.«

Auch Walter drehte sich um und sah erstaunt Inge, Charlotte, Helga und Tobias an einem Tisch sitzen. Er ließ Timmi runter und sah Heinz ein bisschen verlegen an. »Haben die etwa zugesehen?«

»Ja«, Heinz nickte. »Sie sind alle Zeugen eures Sieges geworden. Und jetzt gebe ich einen aus. Los, Bademäntel anziehen, Haare trocken rubbeln, Sie auch, Lina, jetzt wird gefeiert.«

»Ich komme gleich nach. Ich muss mich schnell anziehen, um Sandra abzulösen. Sie hat mich netterweise vertreten, und ich muss sie fragen, ob sie noch eine halbe Stunde länger bleibt.«

Als Lina kurz danach ins Bistro kam, stand Walter auf und fing an zu applaudieren. »Da ist sie«, rief er laut. »Die weltbeste Schwimmlehrerin der Welt! Danke, Lina.«

Die drei Frauen, die mit am Tisch saßen, lächelten sie an. Timmi saß auf dem Schoß eines Mannes, dessen Gesicht sie erst sah, als der Junge sich zur Seite beugte. Abrupt blieb sie stehen und starrte ihn an. Diese blauen Augen. Der schönste Sommer ihres Lebens.

»Tobias?« Ihre Stimme war vor Überraschung heiser. Langsam schob er Timmi von seinem Schoß und erhob sich. »Lina«, sagte er leise. »Du bist es tatsächlich. Wie schön.«

Liebe Paulina,
gestern ist der schönste Tag in meinem Leben gewesen. Ich habe nämlich nicht nur das Seepferdchen, sondern auch noch das Freischwimmer-Abzeichen gemacht. Aus Versehen, stell dir das mal vor. Lina ist neben mir geschwommen und hat gesagt, wir sollten sicherheitshalber noch ein Stück weiter und dann noch eines und plötzlich hatte ich den Freischwimmer. Ich habe zwei Abzeichen, die hat Oma mir auf meine Badehose genäht, sieht super aus.
Mein Papa ist jetzt auch hier, den hat Oma angerufen, weil Heinz ihr alles erzählt hat. Und deshalb wollte er zusehen, wie ich das Abzeichen mache. Er war sozusagen Überraschungsgast. Und überrascht war dann auch Lina. Stell dir mal vor, die kennen sich nämlich. Papa und Lina waren ganz früher am Strand zusammen Rettungsschwimmer und jetzt haben sie sich wiedergetroffen. Lina hat ganz komisch geguckt, Papa auch. Und Oma hat sich ganz doll gefreut. Jedenfalls fahren wir jetzt nicht mehr nach Dänemark, sondern bleiben den ganzen Rest der Ferien hier. Walter muss noch ein bisschen schwimmen üben, der hat ja nur das Seepferdchen geschafft, aber er will das Abzeichen nicht an seiner

Badehose haben, sondern hat es sich eingerahmt. Und wenn wir genug geübt haben, dann wollen wir im Meer schwimmen. Papa hat ein Wellenbrett gekauft, damit gehen wir dann an den Strand. Ich habe nämlich keine Angst mehr vorm Tiefen. Und Walter auch nicht. Und wenn, dann sind ja Papa und Lina dabei, die sind ja Rettungsschwimmer. Das wird toll, glaube ich. Und hier scheint die ganze Zeit die Sonne. Das sind die schönsten Ferien meines Lebens.
Viele Grüße von deinem Freischwimmer Timmi

PS: Und das Beste ist, dass Lina auch in Hamburg wohnt, gar nicht weit von Papa und mir entfernt. Und deshalb haben wir verabredet, dass Papa und ich auch zu Hause mit ihr zum Schwimmen gehen. Ich glaube, ich werde noch richtig gut. Und dann mache ich alle Abzeichen nacheinander. Was meinst du, wie dann meine Badehose aussieht! Bestimmt cool. Bis bald.

Anfang terrible

Anna hat das schöne Wetter genutzt, um zum Grillen einzuladen. Im Vorfeld sagte sie mir, dass sie eine Freundin dazugebeten habe, die Axel, das ist Annas Mann, nicht leiden könne, weil sie immer so schlecht gelaunt sei. Dabei sei sie ganz nett, nur ein bisschen ungeschickt in Gesprächsanfängen.

Ich wusste erst gar nicht, was sie meinte, bis diese Freundin kam.

Wir saßen in Annas traumhaftem Garten, tranken kalten Weißwein, blinzelten in den blauen Sommerhimmel, und dann war sie da. Polterte auf die Terrasse, sah sich um und stöhnte: »Mein Gott, ist das schwül, es kommt bestimmt gleich ein Gewitter, dann könnt ihr alles wieder reinschleppen.« Alle waren irritiert. Auch als sie auf die von mir geschenkten Rosen deutete und fragte, ob die schon Läuse hätten, sie würden doch im Kübel niemals überleben. Das passierte alles in den ersten drei Minuten.

Da ist man als Gesprächspartner natürlich erst mal still. Vielleicht ist diese Freundin wirklich nett, möchte aber nicht am Anfang eines Abends ihr ganzes Sympathiepulver verschießen?

Ich hatte mal eine solche Kollegin. Sie kam morgens ins Geschäft und begrüßte mich entweder mit dem Satz: »Ich habe heute überhaupt keine Lust« oder »Was hast du denn gemacht? Deine Haare sind so komisch.« Wie soll man da die Kurve zu einer fröhlichen Antwort kriegen?

Anna kann auf diese Frage auch nur mit den Schultern zucken. Ihre muffige Freundin beginnt jedes Zusammentreffen auf diese Art. Beim letzten Mal trug Anna neue Schuhe, die Freundin warf einen Blick drauf und sagte: »Ach je, die hatte ich neulich auch probiert, die sind ja so schlecht verarbeitet, gehen sofort aus dem Leim.« Und als sie vorbeikam, um sich Annas neue Küche anzusehen, eröffnete sie den Besuch mit dem Satz: »Lackfront. Da hast du dauernd Fingerabdrücke drauf und putzt dir einen Wolf.«

Nach diesen Gesprächseinstiegen wird sie tatsächlich ganz nett, man glaubt es kaum. Sie muss nur am Anfang stänkern. Ich habe Axel gefragt, warum er sie trotzdem nicht leiden kann. Sie war auf seine und Annas Hochzeit eingeladen. Vor fünfzehn Jahren. Und überreichte das Geschenk mit den Worten: »Dann wollen wir mal hoffen, dass es klappt. Ihr wisst schon, dass jede zweite Ehe geschieden wird?«

Seitdem mag er sie nicht. Und wenn er mit ihr reden muss, dann beantwortet er alles, was sie sagt, ernsthaft. So wie beim letzten Mal. Sie begrüßte ihn mit: »Du siehst aber schlecht aus.« Und er antwortete freundlich: »Ja, du aber auch.« Da war sie beleidigt.

Was lernen wir daraus? Wir eröffnen ab sofort jedes Gespräch mit »Was ist das heute für ein schöner Tag« und bewundern als Nächstes das Aussehen des Gegenübers. Dann läuft es.

Der perfekte Sommer

Ich gelte in meinem Freundeskreis als Reisemuffel. Das kommt daher, dass ich mich weigere, meinen Sommerurlaub woanders als auf Sylt zu verbringen. Es ist nicht so, dass ich es nicht schon versucht hätte, aber an der Algarve, auf Fuerteventura oder auf Sizilien habe ich nie das gefunden, womit ich aufgewachsen bin: dieses perfekte Sommergefühl. Das habe ich nur auf Sylt.

Wie fast alle Sylter hatte meine Großmutter früher in ihrem Haus, in dem heute übrigens meine Eltern leben, Zimmer vermietet. Für heutige Verhältnisse unvorstellbar, waren die hundert Quadratmeter Wohnfläche doch so aufgeteilt, dass zehn Feriengäste gleichzeitig mit uns ihre Ferien dort verbringen konnten. Meine Familie wohnte damals auf dem Festland, aber in den Ferien waren wir immer bei meiner Großmutter. Meine Eltern schliefen dann mit meiner jüngeren Schwester in einem Einzelzimmer und mein Bruder und ich hatten ein Etagenbett im ehemaligen Kohlenschuppen. Das war ein winziger Raum, in den nur dieses eine Bett passte. Die Tür des Zimmerchens ging nach außen auf. Bevor sich die Gäste morgens an uns vorbei zum Frühstücken ins Gartenhaus begaben, schloss meine Großmutter uns kurzerhand ein, aus Furcht, einer von uns könnte einem zahlenden Urlauber aus Versehen die Tür vor den Latz knallen. Ich wachte also jeden Morgen von dem Geräusch eines sich drehenden Schlüssels auf. Dann war es acht Uhr. Aber das war in Ordnung so.

Wir fuhren schließlich nicht nach Sylt, um zu schlafen.

Der erste morgendliche Anblick war immer meine Mutter, die in der Küche zwischen drei laufenden Kaffeemaschinen saß und Brötchen schmierte. Massen an Brötchen. Die wurden übrigens beim Milchmann um die Ecke gekauft, damals gab es ihn noch. Er hieß Willy und kannte jeden Kunden mit Namen. Eine Zeit lang hatte er einen Brötchenbringdienst angeboten, doch der wurde nach kurzer Zeit wieder eingestellt, weil die frei laufenden Schafe die Brötchentüten vor den Haustüren klauten. Danach ging man wieder zu Willy in den Laden.

Zwischen dem Frühstücksdienst für die Gäste und der Tagesvorbereitung meiner Eltern entstand jeden Morgen eine leichte Hektik, in der meine Geschwister und ich uns bemühten, niemandem im Weg zu stehen. Am besten setzte man sich schon ins Auto, in das mein Vater die Taschen schob, die von meiner Mutter nach und nach auf die Straße gestellt wurden. Spätestens um halb neun fuhren wir los. Zum Strand. Jeden Tag, wenn das Wetter es halbwegs zuließ. Deshalb waren wir hier. Darüber gab es keine Diskussion.

Es war auch äußerst wichtig, dass man am Tag der Anreise, gleich nach dem Auspacken, sofort Richtung Ellenbogen fuhr. Das war einfach so, da gab es keine Ausnahme. Immerhin ging es um die beste Stelle am Strand. Um den Ort, an dem sich in den nächsten Wochen der Großteil unseres Lebens abspielen würde. Die Stelle musste perfekt sein. Berücksichtigt wurden die Strandbreite, also die Entfernung zum Flutsaum, die Anzahl der Sandbänke bei Ebbe, die Länge des Übergangs vom Parkplatz, die Sandbeschaffenheit, die Form der Dünen und das Vorhandensein von Buhnenresten. Wir haben selten länger als fünfzehn Minuten dafür gebraucht, was wohl an der Dichte dieser besten Stellen lag, aber auch an unserer Erfahrung.

Die Stelle wurde sofort mit irgendwelchem Strandgut markiert und danach wochenlang gegen Fremde verteidigt. Deshalb mussten wir auch immer um halb neun los. Damit wir die Ersten waren. Tag für Tag.

Natürlich waren wir nicht allein. Wir hatten durchaus etwas übrig für Geselligkeit, es waren schließlich Ferien. Wir waren elf Kinder und vierzehn Erwachsene. Neben meinen Eltern, meinen Geschwistern und mir traf sich auch der Rest der Sylter Familie an der perfekten Stelle: nämlich meine Tante, mein Onkel, meine beiden Cousinen, die Hamburger Feriengäste meiner Tante (zwei Erwachsene, zwei Kinder), die Sylter Freunde meiner Tante (zwei Erwachsene, drei Kinder) und deren Dortmunder Gäste (zwei Erwachsene, ein Kind) und weitere Freunde (zwei Erwachsene, manchmal ein Hund).

Alle sammelten sich etwa zeitgleich auf dem Parkplatz an der perfekten Stelle. Wir Kinder standen in einer Reihe und wurden mit den leichteren Taschen,

Schwimmringen und Bademänteln behängt. Die Erwachsenen teilten die schweren Säcke mit Windschutzplanen, Stangen, Heringen und Werkzeug, die Kühltaschen (pro Familie zwei plus eine für Getränke), die Badetaschen (deren Gewicht ich mir auch nach all den Jahren nicht erklären kann) und die Sachen, die kaputtgehen konnten (Sonnenbrillen, Fotoapparate und Super-8-Kamera), unter sich auf. Dann zogen wir in einer Karawane über die Dünen. Eine endlose Schlange, in der das eine oder andere Kind sich schon mal vor lauter Erschöpfung im weichen Sand zur Seite kippen ließ. Man blieb aber nur einen kleinen Moment liegen. Wenn der letzte Erwachsene mit dem knappen Satz »Wir holen dich heute Abend dann wieder hier ab« über einen hinweggestiegen war, war die Aussicht auf den Sprung ins kalte Wasser doch größer als die Unlust, die immer schwerer werdenden Taschen durch den Sand zu schleppen.

An der perfekten Stelle angekommen, blieben wir Kinder in angemessenem Abstand im Sand sitzen, während die Väter generalstabsmäßig die Stangen, Heringe, Seile und Windschutzplanen in Reihe brachten. Unterbrochen von Anweisungen wie:

»Also, wenn du das weiter so blöde hältst, sind wir heute Abend noch nicht fertig«, oder: »Der Wind kommt von der anderen Seite, die erste Stange kommt da vorn hin«, oder: »Nimm den Fuß weg, da soll der Hering rein«, wurde ein Areal abgesteckt, in dem anschließend zehn Decken, zwanzig Handtücher, Unmengen von Taschen und Strandspielzeugen verteilt wurden. Schaufeln mussten wegen der Verletzungsgefahr draußen bleiben. Die Aufbauzeit reduzierte sich im Laufe des Sommers von fünfundvierzig auf zwanzig Minuten. Alles Übungssache.

Und dann begann der Strandtag. Wir hatten genug Programm, es war nie langweilig. Wir sammelten Steine, aus denen abends Männchen geklebt wurden, Seesterne, die dann auf den Fensterbänken trockneten und nicht besonders gut rochen. Die älteren Kinder schwammen bis zu den Sandbänken, wo wir auf Schollen traten und später den immer länger gewordenen Weg zum Strand zurückmussten. Zwischendurch wurde man mit Sonnenmilch aus gelben Flaschen eingerieben, spuckte die Kerne von Wassermelonen in den Sand und wischte mit Handtüchern Eier und Brötchen sauber, weil immer mindestens eine Kühltasche umkippte.

Burgen bauen war eine der Hauptbeschäftigungen. Neben den normalen Strandburgen der kleinen Kinder gab es auch architektonische Wunderwerke der größeren, die aber nie richtig gewürdigt wurden.

»Mama, Petra hat meine Küchenwand eingetreten.«

»Kind, geh doch außen rum.«

»NEIN. Das ist ein Wintergarten.«

Die Erwachsenen sammelten Strandgut und errichteten damit einen Holzverschlag, auf den meine Tante später gelbe Tintenfische und rote Fische malte. Als sie auch noch zwei Sonnenschirme aufstellte, sah es aus wie eine kubanische Strandbar, einige Strandbesucher wollten bei uns Getränke kaufen, sie bekamen sie umsonst. Wir hatten ja so viel dabei.

Während mein Bruder aus den übrig gebliebenen Heringen und Seilen eine Hochsprunganlage baute, an der er den Fosbury-Flop übte, die Dortmunder anfingen, den diesjährigen Rekord im Beachball aufzustellen, meine Cousine und ich in Jeans baden gingen (in der »Bravo« hatte gestanden, dass sie dann besser sitzen), meine Schwester von den Hamburgern eingegraben wurde (»Nur bis zum Hals, hört ihr, sie soll noch Luft kriegen«) und meine kleine Cousine mit ihren Sylter Freunden alle Bademantelgürtel verknotete, lagen die Erwachsenen hinter dem Windschutz, lasen Zeitungen, lachten, sonnten sich und hoben erst den Kopf, wenn ein Kind so heulte, als ob tatsächlich etwas passiert wäre. Es passierte aber nie etwas Schlimmes, wenn man von Sand in den Augen, versehentlichen Treffern beim Quallenweitwurf oder kleineren Handgemengen wegen eingetretener Wände absah. Alle halbe Stunde wurden Kühltaschen geöffnet und Essen verteilt, man wollte ja abends nichts Schweres zurückschleppen. Ab mittags tranken die Erwachsenen Korn-Sauer (Korn mit Bitterlemon), die Stimmung wurde immer fröhlicher, trotzdem vernachlässigte niemand seine Aufsichtspflicht. Onkel Paul blieb nüchtern und erklärte sich bereit, auf die kleinen Kinder aufzupassen, die baden wollten. Er lief am Strand auf und ab und zählte ständig die orangefarbenen Schwimmflügelpaare durch, die in den Wellen tanzten. Er war übrigens der einzige Nichtschwimmer. Ging aber immer gut.

An manchen Tagen sah das Wetter morgens so schlecht aus, dass andere Pläne gemacht wurden. Wir sind in Regenjacken über die Wanderdüne marschiert, haben am Morsumer Kliff Mauersegler beobachtet und ein tagelang am Strand gebautes Modellflugzeug fliegen lassen (nach drei Metern am Kliff zerschellt), haben am Bahndamm die Farben der Autos auf dem Autozug gezählt (damals gab es tatsächlich nicht nur große schwarze Autos, sondern auch noch kleine bunte), sind nacheinander die eingegrabenen Stufen am Roten Kliff in Kampen hinuntergeklettert und haben bei diversen Kinderfesten Preise abgeräumt. Meine Schwester wurde tatsächlich Kurkönigin in ihrer Altersklasse. Mit sieben. Da war das auch einfach. Ich wurde nur Dritte beim Fischestechen). Manchmal sahen wir »Dumbo, der fliegende Elefant« im Lister Urwaldkino oder kauften Krabben auf dem Kutter, die wir dann stundenlang pulten.

Aber egal, wo wir gerade waren und was wir taten, sobald der Himmel aufriss und die Sonne kam, ließen wir alles stehen und liegen, fuhren in einer affenartigen Geschwindigkeit nach Hause, packten unsere Sachen und kamen alle zeitgleich und aufgeregt am Parkplatz vor der perfekten Stelle an. Ohne Absprache. Aber deshalb waren wir ja hier. Das war Sommer.

In den letzten Jahren hat sich viel verändert. Es werden keine Strandburgen mehr gebaut, der altmodische Windschutz ist kaum noch zu sehen, das Urwaldkino ist geschlossen. Die Insel wird jedes Jahr voller, die Restaurants werden teurer und die Hotels größer. Wir Kinder von damals brauchen keine Schwimmflügel mehr und meine Schwester wird seit Jahren nicht mehr eingegraben. Aber in jedem Sommer geht es wieder los. Die Suche nach der perfekten Stelle. Und wir finden sie jedes Jahr wieder. In höchstens fünfzehn Minuten. Und dann ist Sommer.

Bikini oder Einteiler

Ist Ihnen auch schon mal aufgefallen, wie viele Zusammensetzungen des Wortes »Bikini« es gibt? Bikinizone, Bikinifigur, Bikinidiät, in jedem Frühsommer tauchen diese Wortschöpfungen wieder auf. Die zweiteilige Bademode ist übrigens schon 1900 erfunden worden, damals für Anhänger der Freikörperkultur. 1920 wurden Frauen, die so etwas trugen, am Strand noch verhaftet, wegen Erregung öffentlichen Ärgernisses. Keine Frau wird gern verhaftet, also dümpelte die zweiteilige Bademode so vor sich hin. Bis sie 1946 neu erfunden wurde und einen Namen bekam. Nämlich Bikini, nach dem Namen einer Marshallinsel, auf der in derselben Zeit Kernwaffentests stattfanden. Das war vermutlich ein schlechtes Omen, denn der Bikini setzte sich immer noch nicht durch. Erst als Ursula Andres 1960 als Bond-Girl im Bikini aus dem Wasser stieg, erst da kam diese Mode langsam ins Rollen.

Und jetzt frage ich mich ernsthaft, ob auf einem Kleidungsstück, das mit so vielen Anfangsschwierigkeiten zu kämpfen hatte, wirklich ein Segen liegt. Meine Freundin Nele heult beim Wachsen der Bikinizone, Anna hungert übellaunig mit der Bikinidiät und Millionen Frauen sind sich unsicher, ob sie die richtige Bikinifigur haben. Sie stehen mit winterweißer Haut unter gemeinen Neonröhren in winzigen Umkleidekabinen und fragen sich bei der Anprobe eines Hauchs von Stoff, ob sie sich überhaupt in diesem Sommer an den Strand trauen sollen. Kaum jemand sieht auf Anhieb im Bikini aus wie Halle Berry, weder vor noch nach der gleichnamigen Diät. Entweder hat man zu viel oder zu wenig Busen, zu wenig oder zu viel Hüfte oder zu lange beziehungsweise zu kurze Beine. Bikinis anzuprobieren macht fast jede Frau fertig. Zumal man noch diese weiße Haut hat, weil man den neuen Bikini ja unbedingt vor der Badesaison kaufen muss.

Jedes Jahr warte ich darum auf die schlecht gelaunten Anrufe von Anna und Nele, die sich wieder auf die anstrengende Suche nach dem passenden Bikini machen müssen. Jedes Jahr sind sie fassungslos, dass ich so ruhig bleibe. Dabei ist das ganz einfach.

Ich trage keinen Bikini. Nie. Ich sehe nämlich nicht aus wie Halle Berry. Auch nicht wie Ursula Andres. Und ich war immer schon gegen Verhaftungen am Strand und Kernwaffentests auf Inseln. Ich bade einteilig. Schwarz. Ohne Schnickschnack. Da fällt auch nicht auf, dass der Busen zu klein ist und die Beine zu kurz sind.Und dass ich immer noch nicht weiß,was genau eigentlich eine Bikinifigur ist. Und wie man sie bekommt.

Ela heißt jetzt Manu

Ich liebe Geburtstage. Meine eigenen sowieso, aber auch die der Familie. Wir feiern immer groß und immer mit allen. Es würde mir wirklich etwas fehlen, wenn wir diese Ereignisse aus irgendeinem Grund abschaffen würden, aber weil sie uns allen so gut gefallen, besteht die Gefahr nicht. Leider wohnen nicht mehr alle hier im Dorf. Die meisten sind zum Glück nur ein paar Kilometer weit weggezogen, man kann sie immer noch mit dem Fahrrad besuchen. Alle, bis auf Ela. Daran habe ich mich noch nicht gewöhnt. Sie ist meine Lieblingscousine, und weil sie so klug und schön ist, wohnt sie in Hamburg. Mitten in der Stadt. Und leider von uns fast sechzig Kilometer entfernt.

Am Sonnabend ist sie vierzig geworden. Das ist ja heute kein Alter mehr, habe ich gelesen, im Gegensatz zu früher, da wurde man an dem Tag zur alten

Jungfer, aber heute? Ela hat nämlich weder Mann noch Kinder, ich finde das nicht schlimm, weil sie so immer noch Ela ist und nicht Frau Soundso oder die Mutter von Dingens. Aber meine Tante Gerhild ärgert sich. Sie ist nämlich die Einzige aus dem Dorf, die noch keine Enkel hat. Für meinen Onkel Hans ist das völlig in Ordnung, sagt er zumindest, aber Ela war ja immer schon ein Papa-Kind, sagt Tante Gerhild. Sie ist die Schwester von meiner Mutter, die wiederum fünf Enkel hat, weil meine beiden Schwestern dauernd Kinder kriegen. Ich noch nicht, ich bin ja die Jüngste. Und ich habe keinen Freund. Außerdem habe ich vor zwei Jahren endlich mit einer Ausbildung angefangen, in »Bruhns Gasthof«. Die muss ich erst mal zu Ende bringen. Das mache ich auch. Ich werde nämlich Köchin, das nützt mir auch noch später. Aber ich schweife ab.

Also: Meine Lieblingscousine Ela ist am Sonnabend vierzig geworden. Während sie noch hier wohnte, hat sie oft auf mich aufgepasst, sie war ja schon siebzehn, als ich geboren wurde. Eigentlich heißt sie Manuela, aber alle sagen Ela. Sie war schon immer die Schönste aus dem Dorf und sie hat als Beste Abitur gemacht. Es gibt nichts, was sie nicht kann. Na ja, ausmisten vielleicht nicht, aber dazu hatte sie auch nie viel Lust. Dafür hat sie sogar die Melkmaschine und das Getriebe von unserem Trecker repariert.

Onkel Hans und Tante Gerhild haben vor zehn Jahren ihre Landwirtschaft aufgegeben. Sie haben eben nur Ela, und die wollte den Hof nicht. Unseren hat der Mann von meiner mittleren Schwester übernommen, da bleibt alles, wie es ist. Tante Gerhild hilft jetzt beim Roten Kreuz und Onkel Hans löst Kreuzworträtsel. Einmal im Jahr fahren sie in den Harz zum Wandern. Ziemlich langweilig das Ganze, deswegen regt Ela sich wohl auch immer auf, wenn sie hier ist. Aber Onkel Hans guckt sie nur stolz an und sagt, dass alles gut sei. Es würde doch reichen, wenn eine aus der Familie Karriere mache. Er spricht es »Kajärr« aus, weil er glaubt, dass es so eleganter klingt.

Ela hat nämlich einen Superjob in Hamburg. Die Firma hat ein riesiges Büro mit Blick auf die Elbe, in einem Stadtteil, der direkt am Hafen liegt. Toll. Alles ist ganz modern, mit großen weißen Schreibtischen, silbernen Lampen und roten Ledersesseln, wie im Film. Ela ist jeden Tag sehr schick angezogen, sie hat auch ziemlich viel zu sagen, glaube ich, aber sie hat ja auch studiert. Irgendetwas mit Werbung, was sie genau macht, das habe ich nicht richtig verstanden. Leider hat sie so viel zu tun, dass wir sie nur noch ganz selten sehen. Manchmal schickt sie mir Pakete, in denen Anziehsachen von ihr sind, die sie nicht mehr braucht. Zum Glück haben wir dieselbe Kleidergröße, deshalb bin ich mit Abstand die bestangezogene Köchin in ganz Niedersachsen.

Meine Mutter schüttelt immer den Kopf und wundert sich, dass Ela so viel Geld für Klamotten ausgibt, die sie nur zweimal trägt. Aber ich finde das klasse.

Aber zurück zum Thema. Letzte Woche habe ich wieder einmal ein Paket von Ela bekommen. Ein roter Blazer war drin, eine Leopardenbluse und eine weiße Jeans mit Stickereien auf dem Hintern. Sehr schön. Am Abend wollte ich ihr einen Brief schreiben, um mich zu bedanken. Ich kann mir nie ihre Postleitzahl merken, deswegen habe ich in meinem Adressbuch nachgesehen, und dabei lief es mir siedend heiß den Rücken hinunter, weil da stand, dass Ela am Sonnabend Geburtstag hat. Und dann noch einen runden.

Ich habe es sofort meiner Mutter erzählt, die war auch ganz erschrocken und sagte: »Großer Gott, da wird das Kind schon vierzig. Das wird doch bestimmt gefeiert.« Jetzt haben wir seit einiger Zeit ein kleines

Problem. Unser Hund, der Jogi Löw heißt, weil er dieselbe Frisur hat, mag keine Postboten. Also zumindest nicht unseren aktuellen. Neulich hat er ihn gebissen, nicht richtig natürlich, nur so ein bisschen angenagt. Darum bekommen wir im Moment aber keine Postzustellung und vergessen andauernd, die Sendungen beim Postamt abzuholen. Ich finde das übertrieben, weil der Postbote den Jogi Löw immer provoziert hat, aber so einem Hund glaubt man ja nicht. Auch wenn er aussieht wie der Bundestrainer.

Meine Mutter hat mich böse angesehen und gesagt: »Und weil deine blöde Töle so schlecht erzogen ist, haben wir jetzt Elas Einladung nicht.«

Wenn Jogi Löw etwas falsch macht, gilt er immer als mein Hund. Es ist nicht gerecht.

Meine Mutter hat sofort ihre Schwester Gerhild angerufen. Ich konnte nicht hören, was die antwortete, es war aber leicht zusammenzureimen.

»Wie? Sie feiert nicht?«

…

»Das ist doch kein Grund. Es ist ein runder Geburtstag.«

…

»Früher hat sie alles gefeiert. Denk mal an die Führerscheinparty. Im Stall. Fast hundert Leute, und bis die Polizei kam, war das doch wirklich schön.«

…

»Du regst dich schon wieder auf, denk an deinen Blutdruck, Gerhild. Aber was machen wir denn jetzt?«

…

»Das finde ich aber traurig. Das Leben besteht doch nicht nur aus Arbeit. Das müsst ihr als Eltern ihr auch mal sagen. Na ja, ich denke noch darüber nach, sie ist schließlich auch meine Patentochter. Bis später, grüß Hans.«

Meine Mutter legte den Hörer auf und wandte sich langsam zu mir.

»Tante Gerhild wird komisch. Genau wie Oma. Die hat sich auch nur noch über alles beschwert. Fürchterlich.«

»Und was ist jetzt mit Elas Geburtstag?«

Tante Gerhild war mir im Moment ziemlich egal, ich wollte die Aussicht auf eine Geburtstagsfeier. Und ich wollte Ela wiedersehen. Weihnachten war schon ein halbes Jahr her, und selbst da war sie nur zum ersten Feiertag gekommen. Und nur zum Kaffeetrinken. Meine Mutter verschränkte die Arme vor der Brust und runzelte die Stirn. »Ela will nicht feiern, weil sie arbeiten muss.«

»Aber es ist Sonnabend. Wochenende. Da hat sie doch frei.« Mit diesem fadenscheinigen Grund gab ich mich nicht zufrieden. »Das glaube ich nicht. Es muss etwas anderes sein.«

Entschlossen griff meine Mutter wieder zum Hörer. »Ich ruf sie mal an. Vielleicht hat sie Kummer oder kein Geld, das kann man doch alles lösen.«

Tatsächlich ging meine Cousine am anderen Ende dran.

»Hallo, Elakind, hier ist Tante Monika.«

...

»Nein, es ist nichts passiert. Alles in Ordnung. Hör mal, was ist denn mit deinem Geburtstag am Sonnabend? Willst du nicht nach Hause kommen? Und feiern?«

...

Ihr Gesichtsausdruck wechselte von freudig zu abwartend, von verständnislos zu mitleidig.

»Ach je«, sie nickte. »Das ist ja Pech. Aber du bist nicht allein, oder? Gut. Aber dann holen wir das im Sommer nach. Versprochen? Ja. Und ...«

Sie sah hoch, als ich wilde Zeichen machte. »Und Grüße von Daniela. Willst du sie ... Ach so. Dann tschüss, bis bald.«

Sie legte auf und sagte zu mir: »Grüße zurück, sie

hat jetzt eine Besprechung und meldet sich später bei dir.«

»Und was ist jetzt mit Sonnabend?« Gespannt wartete ich auf ihre Antwort.

»Ela hat sich das Knie verdreht und kann nicht laufen. Sie hat ordentlich Schmerzen. Deshalb kann sie weder kommen noch irgendetwas einkaufen, das ist natürlich blöd. Sie will im August feiern, vielleicht hier. Und irgendeine Freundin kommt sie besuchen und bringt Pizza mit. Na ja, schöner Geburtstag.«

Vor dem Fenster entdeckte meine Mutter einen ihrer Enkel auf dem Hof, der sich gerade auf ein Huhn warf.

»Jasper!«

Mit empörtem Schrei schoss sie nach draußen. Es handelte sich um eines ihrer Lieblingszwerghühner, das von meinem dreijährigen Neffen gerade plattgewalzt wurde.

Ich blieb nachdenklich zurück. Es war bestimmt nicht komisch, vierzig zu werden. Und dann noch ein verdrehtes Knie zu haben, das einen hindert, diesen Tag würdevoll und freudig zu begehen. Eine Welle von Mitleid für Ela stieg in mir hoch. Das hatte sie einfach nicht verdient.

Bevor mir die Tränen in die Augen stiegen, betrat meine mittlere Schwester das Zimmer.

»Was ist los?« Nach einem kurzen Blick auf mich beugte sie sich ans Fenster. »Jogi Löw hat ein totes Huhn im Maul.«

»Das war Jasper.«

»Nein.« Gabriele zog die Gardine wieder zu. »Ein totes Huhn. Übrigens hat Ela Sonnabend Geburtstag. Kommt sie oder fahren wir hin?«

»Sie hat ein verdrehtes Knie. Sie kann nicht gehen.«

»Dann müssen wir wohl zu ihr.« Im Vorbeigehen griff sie nach einem Apfel, kurz darauf hörte ich sie mit vollem Mund rufen: »Jaschper, lasch das Huhn schufrieden, sonscht kannscht du was erlebn.«

Mit dem heulenden Jasper auf dem Arm kam meine Mutter kurz darauf zurück. »Dieser Junge macht mich wahnsinnig«, sagte sie und setzte ihn auf die Küchenbank. »Und Gabriele lacht nur.«

»Gabi mag die Hühner ja auch nicht«, antwortete ich und sah zu, wie Jasper einen Weinkorken in den Mund steckte und würgte. Ich griff ihm schnell in den Mund, um den Korken zu erwischen.

Natürlich biss Jasper zu. Und fing an zu heulen. Ich überlegte, ob ich ihn einfach wieder verkorken sollte. Er machte einen wirklich wahnsinnig.

»Gabi hat gemeint, dass wir am Sonnabend zu Ela fahren können.«

Meine Mutter überlegte. »Und was ist mit Essen?«

»Nehmen wir mit. Kerzen und Kuchen auch.«

»Gut.« Ein kleines Lächeln flog über ihr Gesicht. »Dann kriege ich auch mal mein neues Kleid an. Ich sag den anderen Bescheid. Passt du auf Jasper auf?«

Sie war schon weg, bevor ich antworten konnte.

Das Gute an unserer Familie ist, dass wir alle nett sind. Allerdings sind wir ziemlich viele. Das ist manchmal anstrengend, dann aber auch wieder schön. Und sehr praktisch, weil immer irgendeiner gerade etwas kann oder besitzt, was ein anderer braucht. Für wichtige Dinge gibt es eine Telefonkette, so muss jeder immer nur einen anrufen, der dann wiederum mit dem Nächsten telefoniert. Die Reihenfolge ist festgelegt.

Deshalb kam meine Mutter auch schon nach einer Minute wieder und sagte: »Es läuft. Wir treffen uns heute Abend bei Heidi und Jochen, um alles zu planen. Heidi macht Häppchen. Was hat Jasper denn da im Mund?«

Leider hatte ich nichts von Heidis wunderbaren

Häppchen, ich musste arbeiten. Der Schützenverein hatte seine Jahreshauptversammlung. Anschließend gab es Schnitzel, da bekam natürlich niemand frei. Schnitzel braten sich ja nicht allein.

Als ich um Mitternacht nach Hause kam, saßen neben meinen Eltern, meinen Schwestern, ihren Männern, Tante Gerhild und Onkel Hans auch noch meine beiden anderen Tanten, Eva und Marlies, bei uns in der Küche.

»Jogi Löw hat bei Heidi in die Diele gekotzt«, verkündete mein Vater. »Der muss was Schlechtes gefressen haben.«

»Zwerghuhn«, sagte ich, während ich einen Stuhl an den Tisch schob. »Jan ist erster Vorsitzender bei den Schützen geworden und hat gesagt, dass Gabriele ihm gesagt hat, dass wir Sonnabend zu Ela fahren. Er will mit.«

Tante Gerhild verdrehte die Augen. »Nicht, dass das Ärger gibt.«

Jan war nämlich der Exfreund von Ela. Das ist schon fünfzehn Jahre her, aber er kommt nicht darüber hinweg. Deshalb ist er auch so dick geworden, sagt seine Mutter, das ist alles Elas Schuld. Wenn Jan zu viel getrunken hat, wird er immer traurig, redet von Ela und heult.

»Lass den Jungen doch.« Onkel Hans mochte ihn. »Er ist ein Guter, irgendwie habe ich ja immer das Gefühl, die beiden kommen doch mal wieder zusammen. Das passte schon gut.«

»Onkel Hans.« Meine älteste Schwester Maren schenkte allen Korn ein. »Jan ist ein fetter, langweiliger Sack. Außerdem arbeitet er im Friedhofsamt, das ist doch nix für Ela.«

»Der hat ein sicheres Einkommen. Und keinen Stress bei der Arbeit. Da kann er in seiner Freizeit den Garten machen.«

Maren tippte sich an die Stirn und schrieb weiter an einer Liste.

»Was ist das?« Ich beugte mich nach vorn, um etwas lesen zu können, aber Maren hat eine so winzige Schrift, dass es unmöglich war. Sie arbeitete halbtags als Arzthelferin bei unserem Dorfdoktor, deshalb kriegten wir alle immer so leicht Termine.

»Ich habe mal alle aufgeschrieben, die am Sonnabend mit zu Ela wollen. Ist ja nur gut, dass sie jetzt so eine große Wohnung hat. Heute Nachmittag hatten Jutta und Rosi Termine bei uns, denen habe ich auch gesagt, dass wir fahren. Sie kommen mit, Rosi kauft eine Kiste Bier und Jutta macht Frikadellen.«

Mit Rosi und Jutta war Ela früher zur Schule gegangen. Zu der Clique gehörten aber auch noch Helga und Dorit. Die wussten bestimmt auch schon Bescheid.

»Das ist ja nett.« Ich lächelte, als ich den Namen vom Doktor las. »Und Gerd kommt auch mit?«

»Der war damals ja so in Ela verknallt«, stichelte meine Mutter in Richtung ihrer Schwester, die nie verwunden hatte, dass ihre Tochter den einzigen Arzt im Dorf abgewiesen hatte. »Schade eigentlich. Und jetzt ist er geschieden und zahlt so viel Unterhalt für die blöde Tina. Pech.« Tante Gerhild schnaubte nur.

Ich mochte keinen Streit und fragte mit versöhnlicher Stimme: »Hat Ela denn gesagt, wann wir da sein sollen?«

»Sie hat …«, begann Maren, bevor ihr Blick an meinem Ohr vorbei zur Küchentür ging und sie hektisch aufsprang. »Nein! Jogi Löw reihert auf meine neuen Schuhe. Daniela, mach was!«

Natürlich war es ärgerlich, vor allem weil die Schuhe aus Wildleder und nicht zu retten waren. Aber ich fand es auch nicht gerecht, dass ich den Schaden bezahlen sollte. Hätte Gabrieles Sohn nicht das Zwerghuhn umgebracht, hätte mein Hund es nicht fressen können, dann hätte er auch nicht gereihert. Aber alle gaben Jogi Löw die Schuld. Und ich musste Maren neue Schuhe kaufen.

Weil ich dann doch etwas beleidigt war, habe ich am nächsten Tag mit keinem geredet. Stattdessen war ich lange mit Jogi Löw wandern, nach Magenverstimmungen brauche ich auch immer frische Luft.

Als ich zurückkam, hatte mein Chef schon angerufen. Margitta, unsere Köchin, hatte sich den Arm verbrüht und ich musste einspringen. Obwohl ich eigentlich ein paar freie Tage haben sollte. So hatte ich keine Gelegenheit, mich mit meinen Schwestern zu vertragen oder mit ihnen über Elas Geburtstag zu sprechen. Sie organisierten einfach alles allein. So sind sie.

Erst am Freitag kam Margitta wieder zur Arbeit. Sie lobte mich, weil ich alles so gut hinbekommen hatte, und ich bekam dafür auch am Sonnabend und Sonntag frei. Das passte ja gut, weil mittlerweile die Familie Elas Geburtstag generalstabsmäßig geplant hatte. Ich war zwar überhaupt nicht mehr einbezogen worden, dafür musste ich aber auch nicht kochen. Das hatten schon meine Tanten, meine Mutter, meine Schwestern und ein paar von Elas alten Schulfreundinnen erledigt.

Auch wenn Ela schon so lange nicht mehr im Dorf wohnte, so war sie doch immer noch wahnsinnig beliebt. Das merkte auch der Letzte, als wir uns am Sonnabendmittag bei Tante Gerhild und Onkel Hans auf dem Hof trafen.

Wir waren insgesamt sechsunddreißig Personen und ein Hund. Ich konnte Jogi Löw ja schließlich nicht den ganzen Tag alleine lassen, und er fuhr so gern Bus.

Das ist, wie gesagt, so praktisch an einer großen Familie, man hat immer alles parat. Albert, der Mann meiner ältesten Schwester, hat zum Beispiel ein Busunternehmen. Er kam mit dem modernsten Bus, den er hat. In dem gibt es sogar eine Toilette.

Ich setzte mich mit Jogi Löw in die letzte Reihe, das war schon früher mein Lieblingsplatz gewesen. Man sitzt bequem und hat alles im Blick. Der dicke Jan saß mit einem riesigen Rosenstrauß genau vor mir. Er hatte ein ganz rotes Gesicht und war furchtbar aufgeregt.

Rosi und Helga stießen sich an und kicherten, was ich blöd fand. Die beiden waren richtig aufgedonnert, Rosi trug ein gelbes Kleid mit passenden Schuhen und hatte sich eine neue Dauerwelle machen lassen. Sie zog zwei Zettel aus der Tasche und drückte Helga einen in die Hand. Als sie sah, dass ich sie beobachtete, sagte sie: »Ach, Daniela, du kannst eigentlich auch mitsingen, du hast doch so eine schöne Stimme.«

»Was denn?« Ich war skeptisch.

»Wir haben das Lied ›Verdammt, ich lieb dich‹ von Matthias Reim umgedichtet. ›Verdammte Vierzig‹, der Text ist ganz super geworden, habe ich mit Helga und Jutta gemacht. Und Gerd spielt dazu Akkordeon. Machst du mit?« Sie reichte mir den Zettel, ich überflog die Zeilen:

»Verdammte Vierzig, verdammte Zahl.
Das klingt so heftig, da wird man kahl.
Verdammte Vierzig, verdammter Tag,
gekommen sind alle, die man mag …«

Ich las nicht ganz zu Ende, sondern sagte bloß: »Mal sehen.«

Dabei fiel mir ein, dass Ela überhaupt keine Akkordeonmusik mochte.

Jogi Löw legte seinen Kopf auf meine Beine und schloss die Augen. Sofort wurde ich auch müde, ich hatte wirklich sehr viel gearbeitet, weil Margitta ausgefallen war. Das sanfte Ruckeln im Bus, die

Wärme, das vertraute Stimmengemurmel und Jogi Löws Schnarchen verhalfen mir zu einem friedlichen Schlaf.

Als ich wieder aufwachte, stand der Bus schon mitten in Hamburg an einer roten Ampel. Alberts Stimme hatte mich geweckt. Er brüllte ins Mikrofon: »Kann denn nicht mal jemand auf den Stadtplan gucken?«

Ich schob meinen Hund vom Bein und setzte mich gähnend auf. Vor mir verfielen alle in hektisches Treiben und riefen Albert irgendetwas zu.

»Nicht alle auf einmal! Ich werde irre. Maren, komm doch mal nach vorn. Ich kann doch nicht einfach hier stehen bleiben.«

Meine älteste Schwester konnte Stadtpläne lesen, beruhigt lehnte ich mich wieder zurück und richtig, der Bus fuhr langsam weiter. Zehn Minuten später hielten wir vor Elas Wohnhaus, ich erkannte es sofort wieder. Es gab ein großes Hallo und einzelnen Applaus für den Fahrer. Albert stellte den Motor aus und drehte sich mit dem Mikrofon in der Hand zu uns um.

»Wir sind da. Wer geht zuerst hoch? Maren? Daniela?«

»Lass mal Daniela gehen.« Maren winkte mir zu. »Die hat ja sonst nichts gemacht. Ela soll ja nicht gleich einen Herzinfarkt kriegen. Sie ist jetzt schließlich in einem gefährlichen Alter.«

Rosi, Helga, Jutta und Dorit gackerten zwerghuhngleich. Jogi Löw knurrte.

Ich ging langsam nach vorn. Neben meiner Mutter blieb ich stehen und fragte sie überrascht: »Weiß Ela denn nicht, dass wir kommen?«

Sie sah mich fröhlich an. Ihre Wangen waren rot, in der Hand hatte sie ein leeres Schnapsglas. Anscheinend war die Feier im vorderen Busteil schon in vollem Gange, ich hatte das verschlafen.

»Nö«, sagte sie lächelnd und bekam einen Schluckauf. »Wir haben zu spät dran gedacht. Und da war schon alles organisiert. Sie freut sich bestimmt. Überraschungspartys sind die besten.«

Hinter ihr klatschten Heidi und Jochen sich ab.

Ich holte tief Luft und stieg aus dem Bus.

Ela wohnte im zweiten Stock links in einem sehr schönen Sechs-Familien-Haus. Ich drückte draußen kurz auf die Klingel. Nichts. Dann drückte ich ein zweites Mal. Wieder nichts. Dann drückte ich lang. Lang, kurz, lang.

Die Lachsalven aus dem Bus waren deutlich zu hören. Plötzlich wurde die Haustür von innen aufgerissen und eine ältere, elegante, aber etwas verblüfft blickende Dame stand vor mir. Fragend sah sie erst auf mich, dann auf den Bus.

»Ja? Zu wem wollen Sie denn?«

»Zu meiner Cousine.« Ich war immer noch erschrocken.

»Sie hat Geburtstag.«

»Meinen Sie Frau Jansen?«

»Ja. Ela Jansen. Sie wird vierzig.«

Die Dame nickte. »Aber was wollen Sie denn hier? Und was ist das für ein Bus?«

Ich warf einen Blick auf Elas Freunde und Familie, dann sah ich wieder die Frau an. »Der gehört Albert, das ist mein Schwager. Und Ela wohnt doch hier. Wir wollen sie besuchen.«

»Oh.« Mit unergründlichem Gesichtsausdruck blickte die Dame mich an. »Manu feiert an der Elbe. Das Lokal heißt ›Beach Bar‹. Ich muss jetzt los. Schönen Abend noch.«

»Manu? Aber sie heißt doch Ela. Von Manuela.«

Die Frau war so schnell verschwunden, wie sie aufgetaucht war, und ich ging langsam zum Bus zurück.

Nachdem ich den anderen mithilfe des Mikrofons mitgeteilt hatte, dass unsere Ela gar nicht da war, sondern in einer Strandbar feierte, gab es zunächst leichtes Murren. Tante Gerhild war beleidigt.

»Und ich habe extra noch gefragt«, sagte sie. »›Nein, Mama, mein Knie tut doch so weh. Ich hole die Feier im August nach.‹ Und jetzt stehen wir hier wie bestellt und nicht abgeholt. Toll.«

»Wir sitzen doch.« Meine Mutter reichte ihr ein Schnapsglas. »Trink mal einen. Wir fahren da jetzt einfach hin. Das ist doch bestimmt keine Feier, das ist doch am Strand. Die sitzt da vielleicht mit ein paar Freundinnen und grillt.«

»Genau.« Onkel Hans blieb gelassen. »Genug zu essen und trinken haben wir ja mit. Die freuen sich bestimmt, wenn Nachschub kommt. Also los, Albert. Gib Gummi.«

Albert war ziemlich sauer. Er musste mit dem Bus rückwärts gegen die Einbahnstraße fahren, weil er vor Elas Haus nicht wenden konnte.

»Wenn jetzt hier die Bullerei steht und Geld haben will, dann zahlt ihr das«, pöbelte er ins Mikrofon. »Das kann man doch alles vorher abklären. Maren, hast du jetzt diese Bar gefunden?«

Meine Schwester hielt den Stadtplan mit ausgestreckten Armen, sie hatte anscheinend ihre Brille schon wieder in der Praxis liegen lassen. Ihre Antwort konnte ich natürlich nicht hören, sie saß ja ganz vorn neben Albert. Und in der Mitte vom Bus wurde lautstark ›Verdammte Vierzig‹ geübt. Es klang tatsächlich mit jedem Durchgang besser. Jogi Löw hatte schon aufgehört zu jaulen.

Wir zuckelten gemütlich an der Elbe entlang. Albert ignorierte die hupenden Fahrzeuge hinter ihm. Er fuhr mitten auf der Straße, weil er Angst hatte, sich an den parkenden Autos die Seitenspiegel abzufahren. Sein Bus war noch ganz neu, gerade mal zwei Wochen alt, und deshalb hatte Albert auch sofort zugestimmt, die ganze Bagage nach Hamburg zu fahren. Damit auch Ela das neue Prachtstück mal sehen könnte.

Jetzt rollte er langsam auf einen Parkplatz zu, der vor einer Reihe moderner Gebäude an der Elbe lag.

»Das ist doch kein Strand.« Marens Stimme war auch hinten zu verstehen, weil sie ganz in Gedanken immer noch das Mikrofon in der Hand hielt. »Hier kann man doch nicht grillen. Das sieht aber sehr vornehm und teuer aus. Albert, ich glaube, wir sind falsch.«

»Das ist mir ganz egal«, antwortete ihr Mann mit genervter Stimme. »Hier ist ein Busparkplatz, und hier stelle ich ihn ab. Du hast mir diese Adresse gesagt, wir sind da und nach mir die Sintflut.«

Still stand der Bus auf dem Platz. Rechts und links parkten jede Menge Autos, glänzende und teure Wagen. Ich hörte Gerds begeisterte Stimme: »Guckt mal, Leute, da vorn ist ein Maserati. Wahnsinn. Und wo ist hier jetzt Ela?«

Sofort erklang der Chor: *»Happy Birthday to you ...«*

Maren gab Gabriele und mir ein Zeichen, gefolgt von Tante Gerhild und Onkel Hans, kletterten wir unter den Gesängen von Familie und Freunden aus dem Bus und gingen auf die Gebäude zu.

Onkel Hans war nicht mehr ganz sicher auf den Beinen, ich dachte erst, er hätte schon zu viel Schnaps getrunken, aber er klopfte mir jovial auf die Schulter und sagte: »Ich bin immer schaukelig, wenn ich zu lange Bus fahre.« Dann bekam er Schluckauf.

An der Tür stand ein großes Schild: »Geschlossene Gesellschaft«. Gabriele drehte sich zu Maren um.

»Das ist doch die falsche Adresse. Du hast gesagt, du bist sicher. Ganz toll.«

Etwas ratlos blieben wir stehen und zuckten zusammen, als uns plötzlich ein Paar überholte.

»Wir sind ja doch nicht die Letzten«, rief die Blondine im schwarzen, engen Kleid mit Hochsteckfrisur. »Schönen guten Abend.«

Dann sah sie uns genauer an und wurde plötzlich unsicher. Sie trug sehr roten Lippenstift. »Wollen Sie auch zu Manu? Oder … nicht?«

»Manu?« Tante Gerhild guckte die Frau skeptisch an. »Also, wenn Sie Manuela meinen … Aber hier ist doch eine geschlossene Gesellschaft.«

»Kein Mensch sagt Manuela«, lachte die Frau. »Wie auch immer, wir müssen. Partytime.«

Ich hatte ein ganz komisches Gefühl. »Ähm, entschuldigen Sie bitte, also, feiert hier meine Cousine Ela, äh, Manuela Jansen? Geburtstag?«

»Ja, sicher.« Die Frau zog ihren Begleiter ungeduldig an uns vorbei. »Komm, Fabian, ich brauche Schampus.« Die Tür klappte hinter ihnen zu, wir sahen uns an.

»Tja«, sagte Maren. »Sie feiert doch. Das hat dann wohl jemand falsch verstanden. Und nun?«

Ich zuckte mit den Achseln. »Zurück?«

»Ich glaube, es hackt.« Onkel Hans schnappte nach Luft. »Wir fahren doch nicht sechzig Kilometer mit dem Bus für nix. Und der ganze Kofferraum ist voll mit Essen und Trinken. Ne, ne, wir feiern jetzt. Und dann sagen wir der blonden Schickse gleich mal, dass Manu Ela heißt. So was Affiges. Geht ihr mal gucken, wo wir hinmüssen, ich hole die anderen.«

Als er auf den Bus zuschwankte, war ich mir nicht mehr sicher, ob das Schaukeln wirklich nur von der Fahrt kam. Tante Gerhild straffte sich, hob das Kinn und verkündete: »Ich muss mal. Ich kann nicht im Bus. Wir fragen da jetzt einfach mal nach. Wenn Ela nicht da ist, dann fahren wir eben nach Hause. Kommt ihr?«

Sie drückte die Tür auf, und wir mussten uns beeilen, um hinter ihr zu bleiben.

Kurz darauf standen meine Schwestern und ich in der Tür eines großen Raumes. Der Fußboden war schwarz gefliest, an der Decke hingen die größten Lampen, die ich je gesehen hatte. Es gab keine gedeckten Tafeln, sondern jede Menge Stehtische, deren weiße Decken bis auf den Boden fielen. Überall standen Kerzen, aber nur weiße, es gab eine Art Bühne, keine richtige, aber ein Podest, auf dem ein Mann vor einem Laptop saß. Er hatte langes Haar und wiegte sich im Takt einer komischen Klaviermusik. Alles sehr eigenartig. Und eigenartig wurde auch Elas Gesicht, als sie uns sah.

Ganz langsam ließ sie ihr Glas sinken, schloss ihren Mund und kam mit unsicheren Schritten auf uns zu.

»Wie kommt ihr denn hierher?«, fragte sie leise, als sie endlich vor uns stand.

In diesem Moment fiel mir auf, was so komisch war: Fast alle Leute trugen schwarze Kleidung. Wie auf einer Beerdigung. Auch Elas Kleid war schwarz. Sehr kurz und mit Spitze an den Ärmeln. Ich hoffte, sie würde es nicht so bald entsorgen, es gefiel mir nicht besonders. Meins war lila, auch von Ela. Aus dem vorletzten Paket.

»Herzlichen Glückwunsch, Ela«, trompetete Gabriele. »Wir dachten, dein Knie ist kaputt, und wollten dich überraschen. Deine Nachbarin hat uns gesagt, wohin wir müssen.«

Elas Antwort klang wie: »Ich bringe sie um«, aber das hatte sie bestimmt nicht gesagt. Ihre Augen weiteten sich, als sie über unsere Schultern schaute. Ich musste mich nicht umdrehen, Tante Gerhilds Stimme übertönte alles.

»Zweite Tür rechts, ganz tolles Klo, sogar richtige Handtücher.«

Ela sah mich mit Panik in den Augen an. »Blamiert mich bitte nicht! Diese Party ist wirklich wichtig für mich.«

Ich lächelte sie beruhigend an. Wir würden ihr doch niemals schaden wollen.

Während die Frauen zur Toilette gingen, hatte uns Onkel Hans, gefolgt von Dr. Gerd, erreicht.

»Elamädchen«, rief er und riss seine Tochter an die Brust. »Alles Gute, Liebes, da guckst du, was? Wir lassen dich an deinem Geburtstag doch nicht allein. Wozu hat man Familie und Freunde?«

Gerd bückte sich und fasste Elas Knie an, sie quietschte wie Jogi Löw, wenn man auf ihn tritt. »Lass mal sehen. Das ist ja gar nicht mehr geschwollen.«

Er klang enttäuscht, schließlich hatte er extra seine Arzttasche mitgeschleppt.

Nach und nach kam die ganze Busbesatzung nach oben. Es gab ein großes Hallo, alle wollten Ela drücken, was schwierig war, weil Gerd immer noch vor ihr hockte und das Knie untersuchte.

Mich hatten sie ein bisschen zur Seite geschoben, ich konnte Ela nur von hinten sehen. Sie wurde von einem zum anderen gereicht, ihre Frisur kam ganz durcheinander und Gerd robbte immer hinterher. Diejenigen, die gratuliert hatten, gingen weiter, um sich einen Platz zu suchen. Die schwarz gekleideten Gäste guckten komisch. Die Musik war inzwischen aus.

Jochen, Helga, Marlies und Hannes gingen die Reihen ab und gaben jedem die Hand, während sie sich vorstellten. Die anderen folgten, es wirkte, als würden sie kondolieren.

Jan stand mit seinem Rosenstrauß immer noch am Ende der Gratulanten. Es dauerte lange, bis alle drankamen, jeder wollte ja auch etwas Nettes zu Ela sagen. Jans Rosen sahen ein bisschen traurig aus. Es waren nicht mehr alle Köpfe an den Stielen, Albert hatte den Strauß beim Aussteigen eingeklemmt. Jan schwitzte furchtbar, das kam wohl daher, dass er so dick war und so aufgeregt.

Mein Schwager Jörg stand inzwischen neben dem Mann mit dem Laptop. Jörg war sowohl beim Feuerwehrfest als auch beim Sportlerball der DJ, ihm war es noch nie passiert, dass die Musik mittendrin ausging. Ich hoffte, er hatte ein paar von seinen CDs dabei, er machte immer tolle Musik, zu diesem Klaviergeklimper von vorhin wollte ja niemand tanzen.

Ela konnte nur froh sein, dass Jörg sich jetzt kümmerte. Er nahm dafür noch nicht einmal Geld.

Meine Mutter und Tante Gerhild hatten auch schon gratuliert, ich war immer noch nicht drangekommen und folgte den beiden erst mal zum Büfett. Dann würde ich Ela eben zum Schluss gratulieren, aber das könnte ja noch einen Moment dauern.

»Was soll das denn sein?«, fragte Tante Gerhild und hielt skeptisch eine Auberginenrolle zwischen Daumen und Zeigefinger.

»Antipasti«, erklärte ich ihr, schließlich lernte ich Köchin und hatte so etwas schon einmal in der Berufsschule gemacht. »Italienisch.«

»Das ist ja nur eingelegtes Gemüse.« Meine Mutter schüttelte den Kopf. »Ich dachte, die grillen. Gut, dass wir genug mithaben.«

Sie drehte sich zur Tür, um zu sehen, wie lang die Schlange war. Jetzt standen nur noch zehn von uns vor Ela an, der Rest hatte sich schon im Raum verteilt und die bunten Kleider und Blusen machten sich gut zwischen den vielen schwarzen Menschen.

Zwischendurch guckte ich immer wieder zu meiner Cousine, um den Moment abzupassen, in dem ich sie beglückwünschen könnte. Es dauerte ewig, aber plötzlich war nur noch Jan mit seinen Rosen vor ihr.

Gerade als er sie ihr geben wollte, kam Jogi Löw angeschossen. Er hatte ein Hühnerbein im Maul, deshalb konnte er auch nicht richtig bellen, sondern sprang Ela nur stumm an. Sie guckte starr erst auf Jan, dann auf Jogi Löw und fiel um.

Es sah erst schlimmer aus, als es war. Tante Gerhild klopfte ihrer Tochter ein paarmal auf die Wange und sagte, dass es kein Wunder sei. »Die ist so dünn, die hat doch bestimmt den ganzen Tag noch nichts gegessen. Gerd, lass doch mal, sie kommt schon wieder zu sich.«

Trotzdem hörte Gerd ihr Herz ab und zählte den Puls, auch als Ela schon lange wieder wach war. Ich wollte ihr schnell eine Cola holen, das hilft bei mir immer, wenn mir schwindelig ist.

»So, alles wieder im Lack«, rief Jochen schnell in Richtung Zuschauer. »Sie sitzt schon wieder und trinkt. Jetzt macht mal nicht solche Gesichter, jetzt wird gefeiert.«

Ela machte eine schwache Handbewegung und verzog das Gesicht, als wollte sie lächeln. In diesem Moment setzte die Musik wieder ein. Und es war eindeutig Jörg, der die Regie übernommen hatte.

»Happy birthday, darling, may all your dreams come true.« Dazu konnte man auch schön tanzen. Rosi nahm das als Startzeichen und rief: »Damenwahl!«

Während die ersten Paare im Foxtrott über die Tanzfläche glitten, blieb Ela auf ihrem Stuhl sitzen. Sie hatte jetzt wieder Farbe im Gesicht, sah aber trotzdem noch sehr angestrengt aus. Ich nutzte die Gelegenheit, um ihr endlich zu gratulieren.

»Herzlichen Glückwunsch«, sagte ich. »Geht es wieder?«

Mit komischen Augen sah sie mich lange an und sagte dann leise: »Ach, Daniela, ich …« Sie wurde von einem lauten Geräusch unterbrochen und drehte sich mühsam um.

Maren und meine Mutter kamen gerade mit den letzten Kühltaschen von unten und schleppten sie an die Seite, wo mein Vater einen Tapetentisch aufgestellt hatte. Heidi tackerte eine Papiertischdecke fest.

»Wir können hier nicht einfach eigenes Essen …«, versuchte Ela mit letzter Kraft, aber Maren legte ihr beruhigend eine Hand auf die Schulter. »Das ist ein Geschenk, das geht. Aber wir lassen die Getränke im Bus, das wollen die hier nicht. Albert baut unten eine kleine Bar auf. Da darf dann auch geraucht werden. Bist du okay?«

Ela antwortete nicht. Ich hielt immer noch ihre Hand in meiner und drückte sie tröstend. Vermutlich tat ihr Knie sehr weh, vielleicht war sie vor lauter Schmerzen umgekippt.

Maren war schon wieder weg, um unser Büfett aufzubauen. Ela starrte immer noch hinter ihr her.

»Vielen Dank für das Paket«, versuchte ich sie abzulenken. »Die Jeans mit den Stickereien ist ganz toll.«

»Was …?«, wollte sie gerade fragen, als sie sah, dass sich, angeführt von Rosi und Jutta, alle an der Tür versammelten. Es sah aus, als wollten sie gehen. Ich beruhigte Ela sofort.

»Keine Sorge«, flüsterte ich ihr zu, »wir fahren noch nicht.«

Unter dem ungläubigen Staunen der Schwarzgekleideten formierte sich unser Chor vor der Bühne und wartete darauf, dass Gerd sich sein Akkordeon umgeschnallt hatte. Er spielte ein paar Töne, hob auffordernd den Kopf und lächelte erst Ela, dann dem Chor zu. Und schon ging es los.

»Verdammte Vierzig, verdammte Zahl.
Das klingt so heftig, da wird man kahl.
Verdammte Vierzig, verdammter Tag,
gekommen sind alle, die man mag …«

Ela war so gerührt, dass ihr eine Träne über das rote Gesicht lief. Und wir gaben alles.

Auf der Rückfahrt war es viel stiller als auf der Hinfahrt. Wir hatten uns alle müde gefeiert. Albert meckerte nicht einmal, als Jogi Löw auf die hintere Sitzreihe reiherte. Er hatte zu viele Antipasti gefressen und vertrug keinen Knoblauch. Aber die Sachen mussten ja weg, schließlich waren sie bezahlt und die meisten Gäste hatten nur noch von unserem Büfett gegessen.

Aber Albert war kaputt, das merkte man. Er hatte auch den ganzen Abend gearbeitet. Seine Busbar war ein voller Erfolg gewesen. Wir hatten nur noch Leergut im Bus, die Schwarzgekleideten hatten ganz schön geschluckt. Jede Gruppe, die zum Bus gekommen war, hatte beim Trinken und Rauchen ›Verdammte Vierzig‹ gesungen. Es klang zwar nicht so schön wie bei uns, trotzdem hatte sich Rosi gefreut, dass ihr Text so gut ankam.

Der Karaoke-Wettbewerb war auch toll gewesen. Jörg hatte schon Erfahrung damit, er machte ihn immer auf dem Sportlerball. Elas Chef hatte ganz klar gewonnen. Er hatte wirklich eine gute Stimme und war mit ›Lady in red‹ ganz klarer Sieger geworden. Obwohl seine Frau ein schwarzes Kostüm trug.

Die hatte den ganzen Abend Jogi Löw auf dem Schoß gehabt und war ganz verliebt in ihn. Wahrscheinlich hat sie ihn auch mit Antipasti gefüttert. Zum Glück hatte er erst im Bus gekotzt, das wäre sonst unangenehm geworden. Jogi Löws schwarze Haare hatte man ja auf ihrem schwarzen Rock nicht gesehen.

Der Mann, der vorher so einsam vor dem Laptop gesessen hatte, blieb den ganzen Abend bei Albert im Bus und trank Schnäpse. Das war auch nicht schlimm, seine Musik war nicht so doll gewesen und wir hatten ja Jörg. Seit der die CDs mit den fünfzig besten Partykrachern gespielt hatte, war die Tanzfläche voll gewesen.

Es war schade, dass Ela wegen ihres Knies überhaupt nicht hatte tanzen können, nicht einmal bei der Polonaise hatte sie mitgemacht. Stattdessen war sie auf ihrem Stuhl sitzen geblieben, hatte uns mit zerzauster Frisur und müden Augen etwas verwirrt zugeguckt, aber wenigstens Nudelsalat und kleine Frikadellen gegessen. Und sehr viel Rotwein getrunken. Gerd hatte den ganzen Abend neben ihr verbracht, irgendwann hatte Ela ihren Kopf an seine Schulter gelegt und war eingeschlafen.

Jan hatte nur ganz kurz geweint, dann war er von einer Svenja angesprochen worden. Die hatte rote Haare, trug einen schwarzen Hosenanzug, war eine Kollegin von Ela und sehr nett. Sie tanzte sogar später eng mit Jan. Er hatte Ela ganz vergessen. Erst später weinte er noch einmal, das war, als wir alle zum Bus sollten. Abschiede machen ihn fertig.

Wir haben Ela dann mit dem Bus nach Hause gefahren. Sie war so erschöpft vom Rotwein und ihren Schmerzen, sie hätte das mit dem Taxi niemals geschafft. Gerd ist bei ihr geblieben, das fand Tante Gerhild auch beruhigend, auch wegen Elas Kreislauf.

»Gerd kommt dann morgen mit dem Zug zurück. Das ist doch nett von ihm.«

Ich habe die Party einfach toll gefunden. Je länger sie gedauert hat, desto mehr schwarze Jacken hingen an den Stuhllehnen. Elas Freunde haben so viel getanzt und unser Lied so oft gesungen, dass sie alle völlig verschwitzt waren.

Am besten hat mir Fabian gefallen, das ist der Auszubildende von Ela. Er trug eine schwarze Jeans und einen schwarzen Pullover und ist sehr hübsch. Er hat den ganzen Abend mit mir getanzt und irgendwann gesagt, dass er Manu noch nie so gesehen und dass er sich ihre Familie völlig anders vorgestellt habe. Als ich ihn gefragt habe, warum er Manu sage und nicht Ela, antwortete er nur, dass sie doch so heiße. Ich habe ihn nicht korrigiert. Sie ist ja seine Chefin. Aber Manu klingt nach schwarzem Hosenanzug, finde ich, eigentlich passt das gar nicht zu unserer Ela. Ihre Lieblingsfarbe war doch immer gelb. Butterblumengelb.

Urlaubsneid

Gehören Sie auch zu denjenigen, die im Moment nicht in den Urlaub fahren können? Obwohl alle um Sie herum gerade freudig Bikinis und Sonnencremes kaufen, leichte Kleidung in große Koffer packen, die Strohhüte, Stranddecken oder Wanderstöcke aus den Kellern holen, Reiseführer und Straßenkarten herumzeigen, Hausschlüssel bei den Nachbarn verteilen und schließlich triumphierend in ihre voll beladenen Autos steigen, um sich laut hupend in die schönsten Wochen des Jahres zu verabschieden?

Ich sehe Ihr trauriges Nicken, Sie gehören also auch dazu. Sie und ich, wir halten die Stellung. Unsere Abwechslung besteht darin, in fremden Wohnungen Blumen zu gießen und jeden Morgen plötzlich drei Tageszeitungen ins Altpapier zu werfen. Das klingt freudlos, ist es aber nicht. Ich habe ein System entwickelt, das mir Sommer für Sommer eine Art Überlegenheitsgefühl gibt, was dazu führt, dass ich nach den Sommerferien erheblich entspannter bin als all diejenigen, die jetzt in ihren voll geladenen Autos sitzen.

Ich beginne damit,vom ersten Ferientag an jeden Morgen sehr konzentriert Verkehrsnachrichten zu hören. Am besten im Deutschlandfunk, da werden nämlich sämtliche Staus gemeldet, nicht nur die regionalen.Von Flensburg bis Konstanz ist alles voller Autos. Mal zehn Kilometer, dann siebzehn, mal vier, dann wieder fünfundzwanzig. Sie stehen. Stundenlang. Die schönsten Meldungen kommen am Wochenende, aber auch in der Woche gibt es gute Phasen. Dazu gibt es verschiedene Wetterstationen. Man muss nur ein bisschen Geduld haben, bis man eine findet, die für das gesuchte Feriengebiet Starkregen und Sturmböen der Stärke 8 voraussagt. Begleitend lese ich jede Menge Artikel, die rein zufällig im Moment überall erscheinen. »Beziehungskiller Urlaub« oder »Horrorhotels – wie bekomme ich mein Geld zurück?«. Im Fernsehen gibt es übrigens gerade ganz wunderbare Reportagen, in denen Hoteltester mit ultravioletten Lampen fiese Viecher in sauber wirkenden Nasszellen finden. Ganz furchtbar. Oder sie testen die Wasserqualität im Pool oder am

Strand. Nicht schön, sage ich Ihnen, das will man eigentlich nicht so genau wissen.

Mit diesen ganzen Informationen radle ich dann abends entspannt mit meinem Liebsten durch den Stadtpark, finde in lauschigen Gartenrestaurants freie Tische, stelle erfreut fest, wie leer diese schöne Stadt im Sommer ist, und verstehe gar nicht, dass man neidisch auf Menschen sein kann, die im Moment im Urlaub sind. Dieses Gefühl ist mir ganz fremd. Wir haben es hier doch gut. Und bekommen überall Parkplätze, weil alle Autos woanders im Stau stehen.

Königin der Meere

Ela

Freust du dich?«

Ich riss mich so zusammen, dass mir der Nacken wehtat, und versuchte, das strahlende Lächeln meiner kleinen Cousine auszuhalten, ohne hysterisch loszulachen. Sprachlos starrte ich auf den »Gutschein für eine Kreuzfahrt«.

Daniela, von allen nur Dani genannt, tippte aufgeregt auf die Abbildung eines monströsen Schiffes. »Von Barcelona nach Mallorca. Wie im Fernsehen. Wir beide.«

Sie platzte fast vor Freude und Aufregung, während ich krampfhaft auf der Suche nach einer Antwort war.

»Eine Kreuzfahrt«, wiederholte ich tonlos. »Das ist ja was.«

Meine kleine Cousine ist zehn Jahre jünger als ich. Auch unsere Mütter haben diesen Altersunterschied. In unserer Familie bekommt man Kinder eigentlich mit fünfundzwanzig. Dani kann es noch schaffen, sie hat noch ein Jahr Zeit, bis sie das Vierteljahrhundert vollmacht. Ich bin schon aus der Nummer raus, übrigens zum Entsetzen meiner Mutter und meiner drei Tanten, die das unmöglich finden und alles auf mein seltsames Leben schieben. Ich bin nämlich aus unserem Dorf weggegangen und lebe jetzt in der Großstadt. In einer Wohnung, statt auf einem Bauernhof, und ich habe nicht ein einziges Haustier und im Moment auch keinen Mann. Außerdem bin ich zu dünn, meine Haare sind zu kurz, ich mache irgendetwas mit Werbung, was im Dorf niemand versteht, geschweige denn braucht, ich habe meine Jugendliebe verlassen, der jetzt der Landarzt ist und viel Geld verdient, und ich habe mich geweigert, den Hof meiner Eltern zu übernehmen. Die Einzige aus meiner Familie, die mich nicht für geisteskrank hält, ist Dani. Im Gegenteil: Sie himmelt mich an, trägt mit Handkuss meine Garderobe auf und besucht mich hin und wieder in Hamburg. Alles, was ich mache, findet sie toll, wahrscheinlich weil es alles so ganz anders ist als das, was sie macht. Sie ist Köchin im Lokal »Zum grünen Jäger«, wohnt noch bei ihren Eltern, hat einen Freund, der Feuerwehrmann ist, einen verhaltensauffälligen Hund namens Jogi Löw und zwei Schwestern, die mit ihren Männern und Kindern in den Nachbarhäusern wohnen. Und sie hat ein unfassbar sonniges Gemüt und, wie ich jetzt gerade gelernt hatte, ein großes Talent fürs Kreuzworträtsel. Bei einem solchen hatte sie nämlich die Kreuzfahrt für zwei Personen gewonnen. Die zweite Person war ich, Manuela, von allen nur Ela genannt. Leider.

»Warum nimmst du nicht deinen Lars mit?«, versuchte ich es mit schwacher Stimme. »Ich weiß gar nicht, ob ich überhaupt Urlaub bekomme.«

»Bekommst du«, beteuerte Dani freudig. »Ich habe nämlich sofort nachdem ich von dem Gewinn erfahren habe in deinem Büro angerufen und mit deiner Kollegin Susanne gesprochen. Sie hat sich total gefreut für dich und deinen Urlaub bereits eingetragen. Außerdem: Für Lars wäre so eine Reise nichts. Der muss immer spucken, wenn er auf dem Wasser ist. Er kann noch nicht mal schwimmen. Außerdem muss er auf Jogi Löw aufpassen. Also, freust du dich jetzt? In zwei Wochen geht es los. Ich freue mich wahnsinnig, ich habe nur ein bisschen

Angst vor dem Flug, aber du bist ja dabei.«

»Und du willst wirklich, dass ich mitkomme?«, versuchte ich es ein letztes Mal. »Was ist denn mit deinen Eltern oder Schwestern oder einer Freundin?«

»Ach, Ela«, sagte Dani sanft und legte mir ihre Hand auf den Arm. »Ich habe nur deinetwegen bei diesem Kreuzworträtsel mitgemacht. Um die Kreuzfahrt zu gewinnen. Weil du doch in Hamburg immer so viel arbeitest und dein Freund mit dir Schluss gemacht hat, und weil du deswegen so dünn geworden bist, und weil du neulich gesagt hast, dass du keine Lust mehr hast, deinen Urlaub zu Hause oder auf Norderney zu verbringen. Deshalb.«

Sie guckte mich treuherzig und voller Güte an. So wie sie es sagte, klang das gar nicht so schlimm. Richtig war aber, dass nicht mein Freund mit mir Schluss gemacht, sondern seine Frau uns erwischt hatte. Mein Job stand auf der Kippe, weil mein Freund auch mein Chef war und damit mein Verbleib in der Firma noch nicht endgültig geklärt war. Deshalb hatte Susanne mir auch ohne Weiteres den Urlaub gegeben. Die freute sich nämlich wie Bolle, dass wir aufgeflogen waren, weil sie meinen Chef immer für sich haben wollte. Aber das konnte ich der naiven

Daniela natürlich nicht erzählen.

Ich atmete also tief aus, erwiderte Danielas Blick und sagte, dass ich mich geehrt fühlte. Was sollte ich auch sagen, ohne sie zu verletzen? Dabei bekam ich schon Pickel, wenn ich am zweiten Weihnachtstag das ›Traumschiff‹ im Fernsehen angucken musste, was zwingend zu den Weihnachtsritualen meiner Familie gehörte. Lauter schöne Menschen in der untergehenden Abendsonne, Musik und Tanz, bunte Cocktails, abenteuerliche Liebesgeschichten und zuallerletzt das Happy End mit Wunderkerzen und Tusch der Bordkapelle. Grauenvoll. Und jetzt würde ich selbst eine Kreuzfahrt gemeinsam mit meiner fröhlichen kleinen Cousine machen. Unfassbar.

Barcelona – Ela

»Mich machen all diese Spanier ganz verrückt«, sagte Dani, sah sich misstrauisch um und drückte ihre Handtasche fest an sich. »Ich verstehe kein Wort von dem, was sie sagen.«

»Wir sind in Spanien«, antwortete ich, ohne das Gepäcklaufband aus den Augen zu lassen. »Da leben

Spanier. Die verstehen dich übrigens auch nicht.«

Nur noch wenige Taschen und Koffer zogen an uns vorbei, die meisten Fluggäste hatten bereits mit ihrem Gepäck die Halle verlassen. Selbst Danis schrecklicher Koffer war schon da, der alte graue Familienkoffer mit den Aufklebern, die von der Reiselust unserer großen Familie zeugten. Jetzt fehlte nur noch mein metallicroter, teurer und fast neuer Koffer. Langsam wurde ich nervös. »Wann legt das Schiff denn ab?«, fragte ich Dani. »Nicht, dass die ohne uns fahren.«

Sie kramte die Reiseunterlagen aus ihrer Tasche. »Gott sei Dank erst um neunzehn Uhr. Wir haben noch jede Menge Zeit.«

Aber mein Koffer kam nicht. Das verbesserte meine Laune nicht unbedingt. Ich schickte Dani mitsamt ihrem Gepäckmonster in die Ankunftshalle, damit sie sich schon mal beim Abholservice melden konnte, während ich zum Schalter für verloren gegangenes Gepäck ging. Das fing ja schon mal ganz toll an.

Eine halbe Stunde später saßen wir im Bus, der uns zum Hafen brachte. Dani überschlug sich geradezu vor lauter Begeisterung über die Palmen, die Sonne, die Häuser und was weiß ich nicht noch alles. Ich hatte einen Hals, weil ich ohne Gepäck an Bord gehen musste. Ein Mitarbeiter der Reederei meinte zwar mit einem beruhigend professionellen Lächeln, dass wir meine Sachen im nächsten Hafen abholen könnten, das änderte aber nichts an der Tatsache, dass ich aktuell noch nicht einmal eine Zahnbürste, geschweige denn irgendetwas zum Anziehen hatte. Meine Cousine fand das überhaupt nicht schlimm, sie meinte nur, sie habe doch genug mit und könne mir problemlos etwas leihen. »Und jetzt guck doch endlich mal, die vielen Palmen. Wie im Film.«

Ich hasse Palmen.

Danis Tagebuch

Jetzt sind wir also da. Ela und ich auf diesem riesengroßen Schiff. Und weil ich auf keinen Fall irgendetwas von der Reise vergessen will, habe ich mir ein Notizbuch gekauft, in das ich alles eintragen werde. Aber von Anfang an:

Der Flug war toll, wir hatten unsere Plätze ziemlich weit vorn, in der fünften Reihe, und konnten sogar einmal kurz ins Cockpit gucken. Es gab auch etwas zu essen, Hörnchen und Kaffee und so kleine Schokoladentafeln. Ganz toll. Die Schokolade habe ich aufgehoben, als Erinnerung. Ela hat fast den ganzen Flug über geschlafen, die ist total kaputt von der Arbeit und ihrer Trennung und so und ist erst kurz vor der Landung aufgewacht. Als wir in Barcelona gelandet sind, war ich erst total durcheinander, weil um mich herum ja nur noch Spanisch oder Englisch gesprochen wurde. Ich habe gar nichts mehr verstanden. Ela blieb ganz cool, aber die ist ja auch das Reisen ins Ausland gewöhnt. Für mich ist es schließlich das erste Mal. Dann mussten wir unsere Koffer abholen. Meinen Koffer kann man ja sofort erkennen, er hat diese schönen Aufkleber. Er kam auch sofort, nur Elas nicht. Dann war Ela ziemlich sauer, was ich übertrieben fand, weil der nette Mitarbeiter vom Schiff sich sofort gekümmert hat.

Morgen sind wir in Marseille in Frankreich, und da soll der Koffer dann zum Hafen gebracht werden, hat er gesagt. Ich habe so viele Klamotten eingepackt, da leihe ich ihr gerne welche. Sie kennt sowieso alle. Sind ja von ihr. Lustig!

Die Busfahrt durch Barcelona war toll, überall Palmen und schönes Wetter und dann der Hafen. Dieses riesengroße Schiff. Ich konnte gar nicht reden, so beeindruckt war ich. Auf dem Schiff sieht es überhaupt nicht aus wie auf einem Schiff, sondern wie in einem ganz vornehmen Hotel. Es gibt Unmengen Etagen, Treppen, Fahrstühle und Gänge, mir wurde ganz schwindelig, und ich hoffe nur, dass ich mich hier nicht verlaufe. Ela ging so schnell zu unserer Kabine, dass ich kaum hinterherkam. Sie meinte, sie müsste erst mal duschen. Die Kabine ist auch toll, mit Balkon und eigenem Badezimmer, mit Fernseher, Kühlschrank. Es ist wie im Film.

Später hat uns eine nette Dame abgeholt und wir wurden in einen Salon gebeten. Weil wir doch Preisträger sind. Da waren noch drei Ehepaare und zwei Frauen. Ich weiß gar nicht, ob das auch Gewinner waren, jedenfalls gab es für alle Sekt und kleine Häppchen. Danach bekamen wir eine kleine Führung durchs Schiff und wurden zum Schluss in ein Restaurant geführt. Das war der reine Wahnsinn. Für so viele Leute gleichzeitig zu kochen! Ich habe mich den ganzen Abend gefragt, was die für eine Küche haben. Ich weiß ja, was das für ein Stress ist, wenn bei uns Schützenfest ist, müssen wir zweihundert Essen gleichzeitig ausgeben. Ich werde fragen, ob ich mir die Küche mal angucken kann. So, jetzt muss ich Schluss machen, Ela will das Licht ausmachen, sie ist schon den ganzen Abend müde gewesen. Sie mochte gar nicht gerne reden, es wird wirklich Zeit, dass sie sich mal ein bisschen erholt. Bis morgen.

Marseille – Ela

Ich wurde von einem Heidenlärm wach. Nicht von Danis Schnarchen, sondern von den Geräuschen, die entstehen, wenn ein Schiff dieser Größenordnung in einem Hafen anlegt. Nach einem kurzen Blick auf die Uhr setzte ich mich auf die Bettkante, wartete ab, dass der Schwindel nachließ, und ging dann leise auf den Balkon. Marseille im Nebel war kein Anblick, der mich zu Begeisterungsstürmen hinriss. Lauter graue Häuser in viel grauem Nebel. Dazu ein leichter Nieselregen und höchstens zehn Grad. Der zweite Tag fing so an, wie der erste geendet hatte. Ich hatte ja keine Ahnung gehabt, dass man als Preisträger eines Kreuzworträtsels zum Champagner mit dem Kapitän gebeten wurde, sonst wäre ich wohl kaum in einer von Danis Jeans und Blazer losgegangen. Dani hatte mir ganz stolz die Sachen rausgelegt. Meine helle Hose von der Reise konnte ich leider nicht mehr anziehen, denn darauf prangten mittlerweile undefinierbare Flecken. Wenn etwas schiefgeht, dann geht gleich alles andere auch schief. Ich fühlte mich in diesem Moment, als hätte sich alles gegen mich verschworen, besonders als mir auch noch einfiel, dass auch meine gesamte Kosmetik gerade in meinem Koffer durch die Gegend irrte. Ich war nicht nur schlecht angezogen, ich war auch gänzlich ungeschminkt. Und Dani konnte mir in dieser Beziehung nicht aushelfen. Sie gehörte in die Gruppe »ungeschminkte Wahrheit« und benutzte weder Mascara, Make-up oder Puder. Ich dachte noch, wir würden nur kurz übers Schiff schlendern und am Selbstbedienungsbüfett etwas essen. Aber dann saß ich in einer Jeans, die mir inzwischen fast zwei Nummern zu groß war, und in einem roten Blazer, den ich schon vor drei Jahren aussortiert und in den meine Cousine Schulterpolster eingenäht hatte, weil so etwas bei uns im Dorf immer noch modern war, beim Kapitänsempfang und fühlte mich wie den Achtzigerjahren entsprungen. Der Kapitän hatte uns kaum eines Blickes gewürdigt. Die anderen Gäste waren eindeutig besser angezogen als wir. Zwei der Paare wollten an Bord heiraten, eines feierte hier seine Silberhochzeit, und zu guter Letzt kamen noch zwei

Frauen, die zur Reederei gehörten. Beide unglaublich gut angezogen, mit perfektem Make-up und teuren Schuhen. Dani wurde immer aufgeregter, und ich habe drei Gläser Champagner in mich hineingeschüttet und ein Stoßgebet abgesandt, damit dieser erste Abend ganz schnell vorbeigehen würde. Tat er aber leider nicht. Wir wurden noch durch das Schiff geführt, anschließend bekamen wir im Restaurant einen Tisch zugewiesen. Dani hat sich sofort mit allen unterhalten. Als sie dann auch noch den Namen der Firma, in der ich arbeitete, nannte, rief eine Frau am Nachbartisch ganz begeistert aus, dass diese Werbefirma ja ihrem Bruder gehöre, Alex Wiener, und dass er ja dann mein Chef sei. Mein Nicken war gequält und versiegte ganz, als sie mir erzählte, dass sie sich auf Mallorca mit ihm und seiner Frau treffen wollten, um das silberne Freudenfest zu feiern. An dieser Stelle beschloss ich, den Abend zu beenden.

Und jetzt saß ich hier und starrte in die Nebelbänke von Marseille. Wenigstens sollte im Laufe des Tages mein Koffer kommen, hat man mir gesagt. Dani hatte sich für heute mit einem der beiden jungen Brautpaare zum Landausflug verabredet, ich hatte abgelehnt, weil ich meinen Koffer ja in Empfang nehmen wollte und außerdem in der Spa-Abteilung einen

Massagetermin hatte. Ich brauche dringend ein paar Stunden Ruhe.

Marseille – Danis Tagebuch

Ich sitze hier in einem französischen Café, trinke einen Milchkaffee, esse ein Stück Kuchen und muss schnell mal ein bisschen was schreiben, damit ich nichts vergesse. Marseille ist ja toll, alle sprechen französisch und sind elegant, die Häuser sind ziemlich alt, und auf dem Markt habe ich echte Tintenfische gesehen, die noch so lebendig waren, dass sie immer wieder aus ihren Behältern rausgekrochen sind und von den Fischern wieder eingefangen werden mussten. Essen wollte ich die nicht mehr.

Es ist zu schade, dass Ela keine Zeit hatte, mit an Land zu kommen. Sie muss auf ihren Koffer warten, hat sie gesagt, und dass sie schon zweimal in Marseille gewesen sei. Wo Ela überall schon war, das ist wirklich kaum zu glauben. Ich war mit meinen neuen Freunden Jonas und Jennifer unterwegs, sie heiraten hier an Bord, am nächsten Freitag. Ich finde das wahnsinnig romantisch. Wir haben uns eine Kathedrale angesehen, haben die bunten Kunststoff-Stiere auf dem Marktplatz angefasst und in einem Schokoladenladen alle möglichen Pralinen probiert. Jonas und Jennifer wollten dann shoppen, aber ich habe mir lieber ein paar Ansichtskarten und einen Aufkleber für den Koffer gekauft und bin ins Café gegangen. Gleich fahre ich mit dem Bus zurück zum Schiff. Bis später.

So, jetzt sitze ich wieder auf dem Schiff, und zwar an der Poolbar, die ist auch super. Ich habe Ela einen Zettel in die Kabine gelegt, damit sie weiß, wo sie mich finden kann. Oh, und jetzt muss ich Schluss machen, weil gerade die vier Kegelschwestern aus Cuxhaven auf mich zukommen und mich zu einem Getränk einladen wollen. Also:

Prost.

Ela

Als ich im Bademantel von der Massage in die Kabine zurückkam, fand ich Danis Zettel: Bin in der Poolbar. Vom Koffer gab es übrigens nichts Neues. An der Rezeption hatte man mir gesagt, dass es ihnen wahnsinnig leidtue, aber irgendetwas sei wohl schiefgegangen. Es sei extra jemand vom Schiff zum Flughafen gefahren, aber mein Koffer sei nicht in Marseille angekommen. Wir könnten ihn am nächsten Tag in Monaco abholen. Ich war kurz davor auszurasten, habe mich dann aber zusammengerissen und beschlossen, mir dann wenigstens an Bord in einer der Boutiquen eine passende Jeans und eine etwas bessere Bluse zu kaufen. Die Rechnung würde ich der Fluggesellschaft schicken. Das war ja wohl das Mindeste. Das Problem war nur, dass die Boutiquen erst öffnen durften, wenn das Schiff auf See war. Und das war an dem Abend gegen einundzwanzig Uhr.

Ich würde also ein weiteres Mal schlecht angezogen zum Abendessen gehen. Aber ich hatte einen solchen Hunger, dass ich nicht aus modischen Gründen bis einundzwanzig Uhr im Bademantel in dieser Kabine hocken wollte. Ich stellte mich also vor den Schrank und suchte ein einigermaßen passendes Outfit zusammen. Es war nicht einfach. Wie gesagt: Ich trug mittlerweile zwei Kleidergrößen weniger. Außerdem war Dani etwa fünfzehn Zentimeter kleiner als ich und hatte deshalb alle meine Klamotten kürzen müssen. Nach mehreren Fehlversuchen griff ich nach einem dunkelblauen Rock, schlang meinen eigenen

Gürtel um den Rockbund, worauf sich wulstige Falten in der Taille bildeten, zog eine sehr weite rot-weiß gestreifte Hemdbluse darüber und machte mich auf zur Poolbar, um Dani abzuholen. Augen zu und durch. Morgen, das schwor ich mir, würde ich mein enges schwarzes sexy Schlauchkleid, die grüne Lederjacke und Highheels tragen.

Ich fand die Poolbar auf Anhieb, konnte Dani aber nirgends entdecken. Ich schlenderte langsam suchend über das Deck, bestellte mir erst mal ein Glas Weißwein und entdeckte plötzlich meine Cousine. Umringt von vier Frauen saß sie in einer Sitzgruppe, ein Glas mit einem blauen Getränk in der Hand und strahlte. Als sie mich sah, riss sie ihren Arm hoch und schrie: »Ela, hier!« Alle sahen mich an. Ich trank den Wein aus und ging zu ihr.

Die vier Frauen hießen Rosi, Gudrun, Dagmar und Jutta, waren gut gelaunt, nicht mehr ganz nüchtern und begrüßten mich, als hätten wir jahrelang eine Wohngemeinschaft gehabt. »Du siehst schon richtig nach Urlaub aus«, rief Jutta mir zu. »Gar nicht mehr wie diese Werbetussis.«

Anerkennend betrachteten mich die vier und nickten. Sie trugen übrigens alle das gleiche grüne T-Shirt mit dem Aufdruck »Cuxi-Möwen«. Ich bestellte mir ein neues Glas Wein und ließ mich neben Dani in die Polster sinken.

»Mein Koffer ist übrigens nicht gekommen«, seufzte ich. Ihre Antwort war ein strahlendes Lächeln und ein Schluckauf. »Wir … haben ja … genug Sachen … mit. Guck mal … Rosi … das waren früher Elas Klamotten, aber jetzt gehören die mir. Ganz … teure … Sachen.«

Während Rosi mit Daumen und Zeigefinger den Stoff des Blazers befühlte, beobachtete ich Gudrun und Dagmar, die einer Männergruppe am Tresen unmissverständliche Zeichen gaben. Als die fünf Männer, von denen drei Trainingsjacken mit dem Aufdruck »Fußballfreunde Bochum« trugen, zurückwinkten und schwerfällig von den Barhockern kletterten, griff ich Dani fest am Arm und sagte schnell: »Wir gehen jetzt essen, viel Spaß noch.«

Monaco – Danis Tagebuch

Es ist noch sehr früh, aber ich bin von selbst aufgewacht, und zwar genau in dem Moment, als das Schiff in Monaco eingelaufen ist. So was Tolles kann sich kein Mensch vorstellen. Der Hafen ist nämlich mitten in der Stadt, überall liegen hier die Millionärsyachten, die man sonst nur aus dem Fernsehen kennt. Und diese Häuser! Es sieht aus wie auf einem Wimmelbild, Tausende Fenster, alles Hochhäuser, die irgendwie in die Felsen gebaut sind, und überall gibt es reiche Leute. Caroline von Monaco und ihr Bruder Albert wohnen ja quasi um die Ecke, weil Monaco so klein ist. Vielleicht treffen wir die sogar!

Leider habe ich ein bisschen Kopfweh, weil irgendetwas in diesem blauen Getränk drin war, was ich überhaupt nicht vertragen habe. Meinen neuen Freundinnen aus Cuxhaven war auch etwas schwindelig. Ela und ich waren dann alleine beim Essen. Ich glaube, sie hat nicht besonders viel Lust, andere Menschen kennenzulernen, weil sie noch an der Trennung von ihrem Freund knabbert. Das kann man ja verstehen. Beim Essen ist mir dann ein bisschen übel geworden, vom Essensgeruch und vom Seegang. Ela hat mich dann in die Kabine zurückgebracht. Die Arme musste dann den Abend ganz allein verbringen. Das Gute war, dass ich früh eingeschlafen bin und deshalb jetzt schon den Hafen von Monaco sehen kann. Im Gegensatz zu Ela, die schläft nämlich noch tief und fest. Auf dem Sessel steht eine Tüte von der Schiffsboutique. Ich habe ganz vorsichtig reingeguckt, da ist ein blaues Kleid drin. Mit einem Matrosenkragen. Dass Ela so etwas mag, hätte ich gar nicht gedacht. Ich gehe jetzt jedenfalls frühstücken und freue mich auf Monaco. Bis später.

Ela

Das Pochen in meinen Schläfen und mein trockener Mund ließen mich aus dem Schlaf hochschrecken. Ich musste kurz überlegen, dann fiel mir alles wieder ein: Ich war auf einem Schiff, war immer noch nicht im Besitz meines Koffers, hatte meine kleine sturzbetrunkene Cousine gestern Abend vorzeitig in die Kabine gebracht und war dann noch mal in die Bar gegangen. Dort hatte mich ein Mann angesprochen, der mir vage bekannt vorkam, was aber auch am Wein liegen konnte, den ich schon reichlich genossen hatte. Irgendwann saßen Gregor und ich eingehakt nebeneinander und erzählten uns unsere leidvolle Geschichte. Ich erzählte von Alex, er von Marie, die ihn verlassen hatte, und wir bemitleideten uns gegenseitig und versuchten herauszufinden, wem von beiden es schlechter ging. Dann sind wir noch zusammen in der Schiffsboutique gewesen, die leider eine ausschließlich maritime Auswahl hatte. Dort suchte Gregor ein blaues Matrosenkleid für mich aus, das ich kaufte. An mehr konnte ich mich nicht erinnern.

Ich setzte mich stöhnend im Bett auf und überlegte, ob es eine gute Idee war, dieses Kleid zu kaufen. Mittlerweile war es zehn Uhr, ich hatte völlig verschlafen, aber wenigstens würde Dani schon beim Frühstück sein. Ich beschloss, aufs Essen zu verzichten. Stattdessen würde ich duschen, das neue, hoffentlich nicht allzu peinliche Kleid anziehen und mich auf den Weg zur Rezeption machen, wo ich so lange mit den Fingern auf den Tresen trommeln würde, bis jemand mich zum Hafenmeister begleitete, der meinen Koffer in Empfang nehmen sollte. Vielleicht würde ich auch Gregor wieder über den Weg laufen, wir hatten weder die Nachnamen, Telefonnummern noch die Kabinennummern ausgetauscht. Aber bei zweitausend Menschen an Bord wird es wohl ein Leichtes sein, sich wiederzufinden.

Danis Tagebuch

Ach, was war das für ein schöner Tag. Monaco ist der tollste Ort, den ich je gesehen habe. Für Ela war es wahrscheinlich nicht so ein schöner Tag, denn ihr Koffer ist immer noch nicht angekommen. Aber diesmal war sie gar nicht so sauer, nur ein bisschen komisch. Dabei sieht sie ganz süß in ihrem neuen Matrosenkleid aus, das kann sie auch gut zwei Tage anziehen. Und ich glaube, dass sie sich schon ein bisschen erholt hat, weil sie im Gesicht ganz jung aussieht. Dieses Schminken macht sie doch irgendwie älter.

Und dann hat sie verkündet, dass wir uns jetzt Monaco angucken würden und dass sie shoppen gehen würde, bis ihre Kreditkarte qualmt. Sie ließe sich doch nicht von unfähigen Fluglinien, die nicht mit Gepäck umgehen können, zwei Tage lang in ein Matrosenkleid stecken.

Wir haben uns dann am Hafen ein Ticket gekauft, mit dem man in ganz Monaco herumfahren kann, das ist sehr praktisch. Ela wollte eigentlich gleich zum Shoppen, aber plötzlich sprang sie wie angestochen in diesen Ausflugsbus, weil sie erst mal sehen wollte, wo überall die schönen Geschäfte sind. Es war so ein Erlebnis! Wir sind sogar zum Grimaldi-Palast gefahren, leider guckte Caroline aus keinem einzigen Fenster, ich habe trotzdem alles fotografiert und dann noch ganz tolle Monaco-Aufkleber gekauft, mit dem Palast und der Fürstenfamilie drauf.

Später sind wir dann durch die Gegend gelaufen und haben die schönen Geschäfte angeschaut. Die sind da allerdings wahnsinnig teuer. Ich habe nur geschluckt, als ich die Preise von der Unterwäsche gesehen habe, die sich Ela kaufen wollte. Aber so teure Wäsche ist doch wirklich nicht nötig, habe ich gesagt. Aber Ela hat nicht geantwortet. An der Kasse hat sich dann herausgestellt, dass Elas Karte nicht funktionierte. Ela hat in perfektem Französisch gesagt, dass sie nicht genug Bargeld dabeihatte, sie würde jetzt zur Bank gehen und später wiederkommen. Doch blöderweise wollte auch der Bankautomat die Karte nicht akzeptieren. Ich wollte ihr Geld leihen, aber Ela hatte dann keine Lust mehr und wollte nur noch zurück an Bord und sich betrinken. Das hatte ich zumindest verstanden, aber sie hat bestimmt etwas anderes gesagt. Eigentlich trinkt sie nämlich keinen Alkohol.

Ich bin dann noch mit meinen neuen Freunden,

den vier Mädels aus Cuxhaven und Jonas und Jennifer, ins Casino gegangen. Das hieß zwar »Casino Monte-Carlo«, war aber nur ein Automatencasino, allerdings ein sehr schickes und elegantes. In das richtige wären wir wahrscheinlich nicht reingekommen, hatte Jonas gesagt, weil man da nicht mit kurzen Hosen reindarf. Erst wollte ich nicht um Geld spielen, aber dann habe ich doch fünf Euro in einen Spielautomaten geworfen. Sofort drehten sich alle möglichen Bilder, es klingelte und blinkte, und ich drückte ab und zu einfach auf irgendeinen Knopf. Der Automat hörte gar nicht auf mit Klingeln und Rattern, und plötzlich blinkte eine rote Lampe, auf der das Wort »Cash« stand. Was soll ich sagen? Ich habe 253,55 Euro gewonnen! Der Wahnsinn, oder? Alle haben laut geklatscht und ich habe ganz stolz das Geld an der Kasse abgeholt.

Bevor wir zurück an Bord gingen, bin ich dann noch schnell in den Wäscheladen gegangen und habe für Ela die zwei Unterhosen gekauft. Aber nur zwei. Die waren ja so wahnsinnig teuer.

Ela

Es war ein Tag, um mit einem Lächeln in eine Kreissäge zu springen. Es ging heute Morgen schon mit dem Anblick des blauen Matrosenkleides los. Man sollte Kleidung definitiv nur nüchtern kaufen. Das hatte ich jetzt davon. Ich hatte tatsächlich ein Kleid gekauft, in dem ich mich bestenfalls vor zwanzig Jahren hätte konfirmieren lassen können. Und in diesem Kleid musste ich einen ganzen Tag durch Monaco laufen. Und als ob das nicht schon Strafe genug gewesen wäre, bekam ich auch noch vor dem Frühstück eine SMS von Alex. Der erste Satz lautete: »Wir müssen reden«, die letzten Sätze: »Ich halte es für besser, wenn wir uns nicht mehr sehen. Meine Frau macht mir die Hölle heiß und ihr gehört die Firma. Ich schreibe dir ein hervorragendes Zeugnis und werde dich auch bei der Suche nach einem neuen Job unterstützen. In Liebe, A.«

Ich hatte der Versuchung widerstanden, das Handy über die Reling zu werfen. Stattdessen atmete ich dreimal tief durch und beschloss, als kleine Matrosin zusammen mit Dani auf einen ultimativen Shopping-Marathon durch Monaco zu gehen.

Über die dann folgenden Ereignisse des Tages konnte man nur den Mantel der Liebe decken. Es war ein Desaster. Nachdem wir das Schiff verlassen hatten und im Hafen standen, entdeckte ich plötzlich Gregor, der, im Gegensatz zu diesem albernen Matrosenkleid, auch bei Tageslicht sehr attraktiv war. Nur leider stieg er gerade mit dem Silberpaar, das ja zur Hälfte aus Alex' Schwester bestand, in ein Taxi. Sie kennen sich, dachte ich in Panik. Ich habe einem Freund von Alex' Schwester das ganze Theater erzählt! Vermutlich gab es Marie gar nicht, vermutlich sollte er mich aushorchen, vermutlich hatte ich gerade Verfolgungswahn und wurde hysterisch. Also änderte ich sehr spontan den Tagesplan und beschloss, zunächst eine Stadtrundfahrt zu machen. Hoffentlich würde ich Gregor dabei nicht über den Weg laufen.

Dann war die Sache mit der EC-Karte passiert. Keine Ahnung, wie das passieren konnte, aber die Karte war kaputt. Und meine Bargeldvorräte waren erschöpft, weil ich gestern mein dämliches Matrosenkleid bar bezahlt hatte. Dani wollte mir netterweise Geld leihen, aber ich hatte die Nase voll. Es ist weiß Gott kein Vergnügen, pleite, ungeschminkt, albern gekleidet und mit ruinierten Nerven mitten in

Monaco zu stehen. Da munterte es einen auch nicht auf, wenn eine Gruppe von Marinesoldaten an einem vorbeilief, die bei meinem Anblick grinsten und die Hände zum Gruß hoben. Ich wollte so schnell wie möglich zurück an Bord und den Rest des Tages im schiffseigenen Bademantel im Spa-Bereich verbringen. Da sahen wenigstens alle gleich aus.

Und während in Monaco das Leben, der Jetset und meine Cousine mit ihren neuen Freunden tobten, lag ich im weißen Bademantel im Ruheraum und schlief. Das konnte ich zum Glück schon immer. Sobald ich größere Probleme, Liebeskummer, finanzielle Sorgen oder einfach nur das Leben gegen mich hatte, wurde ich müde. Und schlief ein. Stundenlang. Und an diesem Tag gab es genug Gründe, mich in den Tiefschlaf zu befördern.

Als ich wach wurde, stand Gregor vor mir. »Hey«, sagte er, lächelte und ließ sich auf die nebenstehende Liege sinken. »Und? Hattest du einen schönen Tag in Monaco?«

»Ja, danke«, sagte ich und versuchte, meine Schlaftrunkenheit abzuschütteln. »Schöne Stadt. Und du?«

»Ich auch.«

Das lief ja wie geschmiert, dachte ich und überlegte, wie ich die Sprache auf das Silberpaar bringen könnte. Mir fiel aber nichts ein. Das war auch gar nicht nötig.

»Mich hat ein nettes Ehepaar im Taxi mitgenommen«, erzählte er leichthin. »Ich hatte einen Termin in Monaco und wusste nicht genau, wie ich dahin kommen sollte. Und zufällig saßen die beiden bei mir am Frühstückstisch. Wir sprachen kurz darüber und die beiden kennen sich hier aus. Da hatte ich Glück, die mussten auch in die Gegend. Warst du gar nicht frühstücken?«

»Nein.« Ein Termin in Monaco? Was machte der Mann denn beruflich? Geldwäsche? »Ich war ein bisschen malade. Zu viel Wein gestern.«

»War aber schön.« Er lächelte wieder. »Oder?«

»Doch.« Ich setzte mich auf und versuchte, den Bademantel am Auseinanderklaffen zu hindern. Gelang mir fast. »Ich habe ein bisschen viel Blödsinn erzählt, befürchte ich. Ich vertrage nicht so viel Wein.«

»Ich habe schon alles vergessen.« Er stand wieder auf. »Mach dir keine Gedanken. Ich fand es sehr schön. Wollen wir heute Abend zusammen essen?«

»Oh, ich bin ja mit meiner Cousine hier«, antwortete ich. »Ich kann sie nicht allein lassen. Gestern Abend war sie ein bisschen seekrank und deshalb so früh im Bett. Aber heute legt das Schiff spät ab und Daniela möchte gern auf die Poolparty. Da gehen wir zusammen hin.«

»Dann sehen wir uns da«, er nickte. »Ich gehe jetzt in die Sauna, bis später.«

Ich starrte ihm nach, bis die Tür hinter ihm zufiel. Poolparty. War ich völlig irre? Ich wollte auf gar keinen Fall da hin. Weder als Matrose noch als Achtzigerjahre-Queen. Ich sollte am besten einfach weiterschlafen. Im weißen Bademantel. Aber dieser Gregor hatte was. Vielleicht würde der Tag nicht ganz so bescheuert enden, wie er angefangen hatte. Auch wenn er vielleicht hauptberuflich Geldwäsche betrieb. Gemeinsam mit Alex' Schwester. Ich nahm mir vor, das herauszukriegen.

Danis Tagebuch

Kleine Geschenke, auch wenn sie in diesem Fall teuer gewesen waren, wirken Wunder, das hat meine Tante Gerhild immer schon gesagt. Als Ela das elegante Päckchen vorhin aufgemacht hat, kamen ihr vor Freude die Tränen und sie hat mich ganz doll gedrückt. Ich glaube, so hat sich noch niemand über zwei Unterhosen gefreut. Sie war so glücklich, dass sie überhaupt nicht mehr über den Koffer geredet hat. Sie hat sich dann ein Leinenkleid von mir übergeworfen. Es sieht ein bisschen aus wie ein Sack, aber Ela ist ganz zufrieden und will tatsächlich nach dem Essen mit auf die Poolparty gehen. Sie ist fast wie früher und sieht in dem weiten Kleid auch nicht mehr so dünn aus. Tante Gerhild würde sich freuen.

Beim Essen saßen wir erst allein am Tisch, dann kamen zwei meiner Cuxhavener Freundinnen dazu und schließlich das nette Ehepaar, das hier seine Silberhochzeit feiert. Ela hat ein bisschen komisch geguckt, und ich habe mich gewundert, als die Frau Ela plötzlich nach Alex fragte. Ich wollte gerade was sagen, als Ela nach mir trat, vielleicht aus Versehen, aber ich habe dann den Mund gehalten, auch weil es so wehtat. Am Nebentisch saß ein Mann, der Ela immer angeguckt hat. Aber sie hat gar nicht reagiert. Dabei sah er nett aus. Als Ela mal weggeguckt hat, habe ich ihm zugezwinkert. Er hat gelächelt. Wirklich ganz nett.

Nach dem Essen ging die Poolparty los. Die Cuxhavener Frauen hatten jetzt goldene T-Shirts mit dem Aufdruck »Prinzessinnen auf Tour« an. Echt witzig.

Es gab eine richtige Band, die ganz toll gespielt hat. Die haben sich auch nicht dauernd »versungen« wie unsere Band daheim auf dem Schützenball. Sind halt Profis.

Dauernd kamen Kellner mit bunten Cocktails vorbei, ich habe aber nur die alkoholfreien getrunken, ich wollte ja nicht schon wieder seekrank werden. Dafür haben wir sofort angefangen zu tanzen, bei der Musik konnte man gar nicht auf seinem Stuhl hocken bleiben. Ela hat nicht getanzt, sie saß neben dem Mann vom Silberpaar. Seine Frau tanzte gerade mit einem fremden Mann, dessen Hand auf ihrem nackten Rücken lag. Die hatte nämlich so einen ganz tiefen Ausschnitt. Ich finde das eigentlich unmöglich. Aber das müssen die ja selbst wissen. Der Ehemann kann Ela wenigstens nicht seine Hand auf die Haut legen, bei dem Kleid kommt man ja gar nicht ran. Irgendwann wollte der nette Mann vom Nebentisch Ela zum Tanzen auffordern. Aber sie hatte anscheinend keine Lust, deshalb ging er dann wieder.

Um Mitternacht gab es ein ganz schönes Feuerwerk. Wir standen alle an der Reling und sahen auf den Hafen von Monaco, das war richtig magisch. Und mitten in der Magie sah ich plötzlich Ela ganz dicht neben dem netten Mann an der Reling stehen. Das ist bestimmt ein Zeichen. Ich bin schon ganz aufgeregt.

So, morgen sind wir auf Korsika, da freue ich mich drauf und deshalb gehe ich jetzt ins Bett. Ela schläft schon. Sie sieht ganz glücklich aus, bestimmt träumt sie von dem netten Mann.

Korsika – Ela

Der einzige Urlaub, den ich je mit meinem Exfreund Alex gemacht hatte, war der auf Korsika. Deshalb empfand ich einen Anflug von schlechter Laune, als ich das Anlegemanöver von unserem Balkon aus beobachtete. Dani schlief noch, sie war anscheinend von ihrer Tanzerei so fertig, dass sie überhaupt nicht wach wurde. Es war trotzdem Zeit, meine täglichen Rituale zu feiern: die Auswahl meiner Garderobe und den Versuch, meinen Koffer zu finden. Das mit der Garderobe ging schnell. Meine helle Hose nebst Bluse waren auch beim Waschservice an Bord nicht sauber geworden, also war heute wieder das gelüftete Matrosenkleid dran. Man spart viel Zeit, wenn man keine Auswahl hat.

Als ich von der Rezeption zurückkehrte, traf ich Gregor im Fahrstuhl, der auf dem Weg zum Frühstück war.

»Guten Morgen.«

Sein Lächeln war ziemlich sexy, wenn man genau hinsah.

»Hast du Lust, mit mir nach Ajaccio zu fahren? Oder machst du den Landausflug mit?«

»Ich?« Verdattert starrte ich ihn an. »Nein. Ich meine, ich mache den Landausflug nicht mit. Aber ich kann … Also gut, von mir aus.«

»Okay. Halb elf an der Gangway. Bis später.«

Die Fahrstuhltür ging zu, ich blieb davor stehen und merkte auf einmal, wie mein Ärger darüber, dass auch heute Morgen, wie gewohnt, mein Koffer noch nicht da war, einfach so verpuffte. Ich hatte eine Verabredung.

Kurze Zeit später wandelte ich in meinem flotten Matrosenkleid neben einem attraktiven Mann auf den Spuren von Napoleon Bonaparte durch Ajaccio. Er wusste alles über diesen Ort, der personifizierte Reiseführer. Nach zwei Stunden hob ich erschöpft die Hand und fragte: »Woher weißt du das alles?«

»Ich arbeite für ein Reiseunternehmen und war hier schon ein paarmal. Willst du noch etwas über diese Insel wissen? Du warst noch nie hier, oder?«, fragte er zurück.

»Doch, aber ich hatte Korsika nicht so interessant in Erinnerung.«

»Komm, ich lade dich zum Mittagessen ein. Gleich da drüben auf dem Markplatz kenne ich ein schönes Lokal.« Gregor legte leicht die Hand auf meinen Rücken, was bei mir einen kleinen Schauer auslöste, den ich sofort verdrängte. Ich war erleichtert, zum einen, weil es etwas zu essen gab, und zum anderen, weil er mich einlud. Mein Barvermögen bestand aus genau 65 Euro. Damit kam ich bei den Korsen nicht weit.

Nach dem wirklich wunderbaren Mittagessen liefen wir dann leider dem Silberpaar über den Weg.

»Ach?« Mit hochgezogenen Augenbrauen betrachtete mich Alex' Schwester, deren Namen ich immer noch nicht kannte, von oben bis unten und wieder zurück. »Was machen Sie denn hier? Haben Sie sich auch zufällig getroffen? Na ja, der Ort ist ja nicht so groß.«

Gregor sah sie freundlich an und sagte dann zu mir: »Darf ich vorstellen? Das ist das Ehepaar Lindemann und das …«

»Wir haben uns schon kennengelernt«, unterbrach ihn Frau Lindemann, ohne mich eines Blickes zu würdigen. »Haben Sie hier eigentlich auch beruflich zu tun?«

Gregor nickte. »Teilweise. Ich verbinde gerade Beruf und Urlaub auf geschickte Weise. Ich schaue mir gleich noch ein Hotel an, es soll das beste am Ort sein. Mal gucken, ob es wirklich so edel ist.«

»Und Sie? Sie gehen so mit?« Jetzt sah Frau Lindemann mich an, als würde ich im Leopardentanga vor ihr stehen. Mir fiel auf einmal auf, dass sie denselben arroganten Ausdruck wie ihr Bruder hatte.

»Ja«, sagte ich mit schockgefrorener Stimme, »ich gehe einfach so mit. Schönen Tag noch.«

Ich hakte Gregor besitzergreifend unter und zog ihn mit. »Diese blöde Ziege«, zischte ich leise. »Was bildet die sich ein?«

Leise lachend lief Gregor neben mir und drückte meinen Arm. »Alles gut. Frau Lindemann hat sich gewundert, dass jemand wie du, ich zitiere, bei ihrem wunderbaren und trendigen Bruder arbeitet. Ist der denn so wunderbar und trendy?«

»Na ja«, ich beschleunigte meine Schritte. »Das ist nicht so einfach zu erklären. Ich fand es zumindest mal. Vielleicht reden wir später mal drüber.«

Danis Tagebuch

Heute war wirklich ein ganz verrückter Tag. Es ging damit los, dass ich mich überhaupt nicht bewegen konnte. Also, ich meine wirklich gar nicht. Ich hatte einen solchen Muskelkater in den Beinen, dass ich keinen Schritt machen konnte, ohne vor Schmerzen zu winseln. Der Wahnsinn. Auf den Landgang musste ich dann wohl verzichten. Ich wäre ja die Gangway gar nicht runter-, geschweige denn später wieder hochgekommen. Dafür ist Ela gegangen, und zwar mit dem netten Mann gestern vom Nebentisch. Der heißt Gregor und hat sie heute Morgen gefragt, ob sie ihn begleiten will. Geht doch, habe ich mir gedacht. Meine Mutter sagt immer: Andere Mütter haben auch schöne Söhne.

Ich habe dann den ganzen Tag am Pool verbracht und mir einen richtigen Sonnenbrand geholt. Aber es war toll. Ich habe mit so vielen Leuten gesprochen, die sind ja hier alle so wahnsinnig nett. Das Beste war, dass ich Max kennengelernt habe. Der ist hier Koch und hat mir vorgeschlagen, dass er mir morgen die Küche zeigen kann.

Morgen fährt ein Bus nach Rom. Da will ich nicht

mit. Dank Schwager Albert musste ich schon so oft mit dem Bus durch die Gegend fahren, das reicht für zwei Leben. Rom hin oder her. Das kann ich auch alles im Reiseführer lesen. Und außerdem reden alle italienisch. Das verstehe ich sowieso nicht.

Ela ist erst sehr spät wiedergekommen. Sie sah ganz anders aus als heute Morgen. Irgendwie schöner. Und sie hat kein Wort darüber verloren, dass ihr Koffer auch im Lauf des Tages nicht gekommen ist. Stattdessen hat sie sich nur meine braune Strickjacke geholt und ist noch mit Gregor in die Bar aufs Außendeck gegangen. Richtig romantisch finde ich das. Ich gehe heute nicht mehr an die Bar. Ich gucke lieber einen Liebesfilm im Fernsehen. Den kann ich vom Bett aus sehen und meine schmerzenden Beine schön mit Pferdesalbe einreiben. Damit ich morgen wieder besser laufen kann.

Civitavecchia – Ela

In einem Hafenort mit einem unaussprechlichen Namen kam dann der Höhepunkt der Reise. Ich redete schon gar nicht mehr davon, dass mein Koffer auch hier nicht eingetroffen war. Das gehörte mittlerweile schon zum festgefügten Ritual. Nein, ich ging heute Morgen von Bord, um Daniela beim Aufkleberkaufen zu begleiten, drehte mich in der Menschenmenge, die auf dem Platz vor dem Hafen auf die Busse nach Rom wartete, nach Daniela um und prallte auf – Alex. Ganz genau: auf Alex. Der, den ich nie wiedersehen wollte, der arrogante Blödmann, der mir die Kündigung per SMS geschickt hatte, der vor seiner Frau kuschte, der, mit dem ich mich viel zu lange beschäftigt hatte. Und ich stand da in sehr kurzen, sehr weiten Hosen, einem langen weißen Hemd und Flipflops, die auf Korsika nur drei Euro gekostet hatten, weshalb ich sie mir leisten konnte. Ich war immer noch ungeschminkt und duftete nach grüner Seife. Und Alex? Der starrte mich stumm an, als hätte ich gerade die Finger an einer Bombenzündung.

Daniela stand dicht hinter mir und fragte: »Ist was, Ela?«

»Nein«, antwortete ich und starrte dabei Alex an. »Es ist gar nichts. Überhaupt nichts. Komm weiter, hier stehen so viele Idioten rum.«

Wir gingen einfach weiter, in den nächsten Kiosk, und kauften zwei Aufkleber. Einen für den Koffer und einen für mich. Hier in diesem Hafenort hatte ich eine Erscheinung gehabt. Und deshalb werde ich mir den gelben Aufkleber mit der Aufschrift Civitavecchia auf den Kühlschrank kleben. Zur ewigen Abschreckung aller Männer, die wie Alex waren.

Danis Tagebuch

Italienisches Eis ist doch das beste der Welt. Ela und ich haben in einem Ort mit einem sehr langen Namen große Eisbecher gegessen, anschließend war uns so schlecht, dass wir kleine Schnäpse getrunken haben. Es war so lustig. Ich habe Ela lange nicht mehr so lachen sehen. Wir haben dann einen Kassensturz gemacht. Dank meines Casinogewinns haben wir zusammen noch 297,69 Euro. Und weil wir morgen einen Schiffstag haben und an Bord kein Geld brauchen, haben wir unser Geld in zwei Kleider gesteckt. Ela in ein gelbes und ich in ein roséfarbenes.

Richtig tolle italienische Sommerkleider. Elas passt ihr wie angegossen. Sie hat gesagt, es sei ihr völlig schnuppe, wo ihr Koffer sei, sie hätte es nur einmal zu gern der blöden Lindemann gezeigt. Gestylt und mit hohen Schuhen an ihr vorbeirauschen. Das wär's gewesen.

Als wir wieder auf dem Schiff waren, gab es Mittagessen. Ela war total entspannt, zumindest so lange, bis Gregor kam. Da wurde sie dann ein bisschen nervös, aber ich habe ihr gesagt, dass es mir nichts ausmacht, wenn sie mit ihm weggeht. Ich hatte ja sowieso meine Küchenbesichtigung mit Max. Das war übrigens sehr beeindruckend: so eine große Küche und so viele Köche. Toll. Abends war ich dann mit Ela, Gregor, Jonas und Jennifer im Musical. Das war total schön. Das einzig Blöde war, dass alle um mich herum Händchen hielten. Ja, auch Ela und Gregor. Ich tat zwar so, als hätte ich es nicht gesehen, aber ich bekam in dem Moment eine Mordssehnsucht nach Lars und Jogi Löw.

Danis Tagebuch

Schade, schade, jetzt sitzen wir schon wieder im Flugzeug und sind auf dem Weg nach Hause. Die Zeit ist so schnell vorbeigegangen. Gestern war noch mal ein richtig schöner Abschlusstag. Das Schiff ist ja den ganzen Tag und die ganze Nacht gefahren, das nennt sich dann Bordtag. Ela und ich haben ausgeschlafen, dann gefrühstückt und sind dann erst mal in aller Ruhe einmal um das ganze Schiff gelaufen. Als wir wieder zu unserer Kabine kamen, gab es eine Riesenüberraschung: Elas Koffer stand vor unserer Tür. Einfach so, wie vom Himmel gefallen. Ela bekam einen Lachkoller und konnte sich kaum beruhigen. Aber sie hat sich nicht gleich umgezogen, sondern trug weiterhin ihr italienisches Sommerkleid. Ich hatte nämlich zufällig gehört, dass Gregor ganz leise im Theater zu ihr gesagt hatte, dass er es so schön findet, endlich mal eine Frau zu küssen, die nicht dauernd so durchgestylt sei. Das hat Ela anscheinend gefallen. Nur am Abend, da hat sich Ela für das letzte Abendessen an Bord richtig aufgedonnert. Sie schwebte in einem ganz engen schwarzen Schlauchkleid mit tiefem Ausschnitt, sehr hohen Absätzen und knallrotem Lippenstift an Frau Lindemann vorbei. Und als dann Gregor Elas Arm nahm, sind der fast die Augen rausgefallen. Auf einmal wollte sie dann doch mit Ela sprechen. Aber da hat meine Cousine sie ganz schön abblitzen lassen. So etwas kann sie nämlich ganz hervorragend. Dann bekommt sie schmale Augen und so eine frostige Stimme.

Leider ist unsere Reise nun vorbei und morgen fahren wir ganz früh zum Flughafen und dann nach Hause. Vielleicht können Ela und ich ja noch einmal so etwas machen. Das heißt, ich werde jetzt ganz viele Kreuzworträtsel lösen, damit ich wieder etwas gewinne. Obwohl, Gregor arbeitet ja bei einem Reiseunternehmen. Vielleicht kriegen wir das bei ihm dann billiger. Dann könnten auch mal meine Schwestern, Eltern, Tanten, mein Onkel und der Schwager mit. Das Schiff ist ja groß genug. Da geht man sich nicht so schnell auf die Nerven. Nur Lars wird zu Hause bleiben müssen. Schade. Aber der passt dann wieder auf Jogi Löw auf.

Also, liebes Tagebuch, bis zur nächsten Reise.

Deine Dani

Ela

Wir flogen in aller Herrgottsfrühe von Palma de Mallorca zurück nach Hamburg. Keine Chance mehr, Palma zu sehen, in Ruhe zu frühstücken oder sich lange zu verabschieden. Und dann waren wir schon über den Wolken, Dani saß neben mir, völlig verschlafen, starrte aus dem Fenster und schrieb zwischendurch immer wieder etwas in ihr Notizbuch. Wahrscheinlich versuchte sie, alles, was passiert war, zu dokumentieren. Sie wollte jede Kleinigkeit aufschreiben, damit sie nichts vergaß. Vielleicht sollte ich das auch mal machen, um mich später besser erinnern zu können.

Was war jetzt also auf dieser Kreuzfahrt passiert? Ich hatte mehrere Länder und Städte gesehen, ich hatte eine Erscheinung gehabt und damit Alex aus meinem Kopf katapultiert, ich war eine Woche ohne Make-up und schlecht angezogen durch die Welt gelaufen, die dadurch trotzdem nicht untergegangen war, ich hatte Gregor kennengelernt, der nicht nur bei einem Reiseveranstalter arbeitete, sondern sogar der Inhaber war und eine Werbefachfrau für sein Unternehmen suchte, also hatte ich vermutlich auch einen neuen Job in Aussicht, und ich war ein Fan von Kreuzfahrten geworden. Das war doch kein schlechtes Ergebnis für so eine kurze Zeit. Und das alles nur, weil Dani das Wort »Liebeskummer« bei einem Kreuzworträtsel herausgefunden hatte.

Ich beugte mich zu Dani und küsste sie auf die Wange. »Danke schön, kleine Cousine«, sagte ich, schloss die Augen und lehnte mich zufrieden zurück.

Urlaubstrophäen

So langsam kommen alle wieder zurück aus den Ferien. Und bald werde ich wieder eingeladen zu landestypischen Gerichten, die man im Urlaub jeden Tag gegessen hat und mit denen man das Urlaubsgefühl verlängern will. Und wie immer sind die Gastgeber ein bisschen enttäuscht, weil nichts so schmeckt wie auf der Sonnenterrasse des Hotels. Selbst der mitgebrachte Hauswein ist nur ein eher durchschnittliches Getränk, obwohl er am Urlaubsort der beste Wein war, den man je getrunken hat. So ist es eben. Dabei war der Urlaub so schön, nicht nur das Essen und der Wein, auch Land und Leute und erst recht das Wetter. Letzteres sieht man an der sonnengebräunten Haut der Gastgeber. Und das ist ihre beste Urlaubstrophäe, für die im Übrigen auch viel getan wird.

Ganz wichtig ist die nahtlose Bräune. Es sieht sie

zwar nicht jeder, aber man weiß es. Natürlich werden heute die Mahnungen der Dermatologen beherzigt und es wird Sonnenschutz verwendet. Das ist klar. Aber die nahtlose Bräune ist weniger eine Sache des Eincremens als der Technik. Es kommt auf das richtige Timing und die richtige Stellung an. Ich hege eine große Bewunderung für die Frauen, die sich bäuchlings auf der Liege mit eleganten Bewegungen das Bikinioberteil öffnen, damit es auf dem Rücken keinen weißen Querstreifen gibt. Zum Öffnen des Verschlusses gehört eine gewisse Gelenkigkeit in der Schulterpartie, es ist nicht so einfach, wie es aussieht. Noch schwieriger ist übrigens das Schließen des Kleidungsstücks, bevor man sich wieder auf den Rücken dreht. Das Losbinden der Träger in der Rückenlage ist etwas einfacher, stellt aber Ungeübte auch vor eine Herausforderung.

Wenn Sie jetzt denken, dass die Technik des nahtlosen Bräunens eine Marotte von Frauen ist, muss ich Sie enttäuschen. Männer sind darin fast noch besser. Meine Lieblingsbeobachtung dieses Sommers war das Vorgehen eines Mannes mittleren Alters, der tatsächlich sehr lange nackt am Strand stand. Er las dabei ein Buch, über das er eine Brille hielt, damit das Gestell keine Spuren im Gesicht hinterließ. Und er drehte sich sehr langsam im Uhrzeigersinn, damit wirklich jeder Zentimeter von der Sonne bestrahlt wurde. Ich habe ihn irritiert angesehen, er hat mich mit seinem Herumstehen etwas nervös gemacht, aber er hat nur herablassend zurückgeblickt.

Ich habe überlegt, ob er ahnte, wie albern er dabei aussah, aber so etwas sagt man nicht. Er stand so über eine Stunde herum. Wie ein Mast am Strand. Aber als er sich bückte, um seine Sachen aufzuheben, da sah ich die beiden weißen Halbmonde unter seinem Hintern. Das ist die Schwerkraft. Ich hätte ihm das sagen müssen, dann hätte er vielleicht noch einen Kopfstand gemacht.

Ich habe es verpasst.

Helgoland oder Der Anfang vom Ende

Jede Erinnerung hat ihren Ort und dieser Ort bekommt dadurch einen gewissen Zauber. In Hamburg habe ich meinen ersten Kuss bekommen, in Berlin war ich zum ersten Mal richtig verliebt, in Bad Godesberg zog ich mit meinem damaligen Freund zusammen, in Bremen bekam ich meinen ersten Heiratsantrag und … dann gibt es da noch Helgoland. Damit verbinde ich ganz besondere Erinnerungen, wenn auch nicht die besten. Aber auch die sind immer für irgendetwas gut.

Mein Mann Lars hat im Sommer Geburtstag. Und zwar mitten im Sommer. In einem Monat, in dem immer schönes Wetter ist, mit blauem Himmel, lauen Nächten, Grillengezirpe und Froschkonzerten. Als Novembergeborene habe ich ihn immer darum beneidet: Geburtstagsfrühstück im Garten, selbst gepflückte Blumensträuße, Erdbeertorte, Geburtstagsgäste in leichten Sommerkleidern und kurzen Hosen, mit braun gebrannten Gesichtern, Sommersprossen und guter Laune.

Lars hingegen interessiert das alles gar nicht, übrigens genauso wenig wie sein Geburtstag. Er mag keine Partys, mehr als vier Leute zu Besuch sind ihm sowieso zu viel, er hat keine Lust, an Termine zu denken, und hasst Großeinkäufe. Viel lieber geht er an freien Wochenenden mit seinem Freund Paul segeln. Der hat ein eigenes Boot, das Lars auch gern hätte. Dafür reicht aber unser Geld nicht.

Das nächste Problem ist sein Geschenk. Wir führen zweimal im Jahr das gleiche Gespräch, einmal im Sommer, einmal kurz vor Weihnachten:

»Sag mal, was wünschst du dir eigentlich?«

»Keine Ahnung.«

»Aber du musst doch irgendeinen Wunsch haben.«

»Ein Boot.«

»Haha. Und jetzt mal im Ernst?«

»Mein Akkuschrauber muckt.«

»Ich kann dir doch zum Geburtstag keinen Akkuschrauber schenken.«

»Wieso nicht?«

»Den kannst du dir doch selbst kaufen. Außerdem hasse ich Baumärkte.«

»Ja, dann weiß ich auch nicht.«

Ich kaufte ihm dann immer ein Hemd, zum Geburtstag mit kurzen, zu Weihnachten mit langen Ärmeln. Und wenn ich Geld und gute Laune hatte, noch einen Gutschein für den Baumarkt. Das alles war mittlerweile genauso langweilig wie er und ich und wie unsere Ehe. In diesem Sommer sollte endlich einmal alles anders werden.

Wir hatten seit über vier Wochen traumhaftes Wetter. Jeden Tag ein wolkenloser Himmel und fünfundzwanzig Grad. Ideales Wetter für einen romantischen Ausflug. Und ich wusste auch schon, wohin: nach Helgoland, Deutschlands einziger Hochseeinsel, mit der Langen Anna und den Lummenfelsen, dem Unter-, Mittel- und Oberland, den bunten Hummerbuden, den Schiffen, den Flaggen, der Sonne – und mit Lars und mir mittendrin.

Ich hatte herausgefunden, dass es von unserem nah gelegenen kleinen Flughafen günstige Direktflüge zur Insel gab. Morgens hin, abends zurück, dazwischen zollfrei einkaufen und alles für weniger Geld, als eine Gartenparty gekostet hätte. Die Idee war glänzend und ich würde zwei Fliegen mit einer Klappe schlagen.

Die erste Fliege: Ich hatte ein richtig originelles Geburtstagsgeschenk. Zweite Fliege: Lars brauchte unbedingt eine neue Segelkombi, also Hose und Jacke, und hatte sich in eine ganz bestimmte verliebt. Nicht nur schön, sondern auch auf dem neuesten Stand der Segeltextiltechnik. Die, aber auch nur die, sollte es sein. Im Internet hatte Lars vor einiger Zeit gesehen, dass dieses Teil in einem Seglerladen auf Helgoland nicht nur mehrwertsteuerfrei, sondern auch erheblich reduziert angeboten wurde. Lars hatte mehrere Freunde gefragt, ob sie mit ihm nach Helgoland segeln würden, alle hatten abgewinkt, es gäbe nur einen einzigen Grund, nach Helgoland zu segeln, das ist die Pfingstregatta, und die ist an Pfingsten und somit schon gewesen. Aber vielleicht nächstes Jahr. Bestellungen übers Internet lehnte Lars ab, da war er komisch, und deshalb hatte er seit zwei Wochen schlechte Laune. Nur weil er nicht in diesen Laden am Helgoländer Hafen kam. Jetzt könnte er. Dank meiner Idee.

Ein kleines Problem gab es allerdings: Ich habe Flugangst. Nicht nur ein bisschen, sondern ganz massiv. Ich schlafe vorher nicht, mir wird an Bord schlecht, ich werde regelrecht hysterisch, muss mich übergeben und werde irgendwann ohnmächtig. Nachdem ich zweimal dieses Spektakel im Beisein mir völlig fremder Menschen überlebt hatte, beschloss ich, mir eine Bahncard zu kaufen und Urlaube nur noch in Autonähe zu planen. Das ist auf Dauer etwas umständlich. Man kann seine Flugangst auch bekämpfen. Dafür gab mir ein befreundeter Kollege einen bombensicheren Tipp: »Du musst mal mit einem ganz kleinen Flugzeug fliegen. So richtig mit Kontakt zur Crew und als Sichtflug. Dann bist du damit durch. Das hat bei meiner Schwester auch geholfen.«

Dieser Rat fiel mir jetzt wieder ein. Vielleicht war das beste Geburtstagsgeschenk aller Zeiten auch eine wunderbare Therapie gegen meine blöde Flugangst. Wir würden es ja sehen, dachte ich mir.

Eine Woche später hatte Lars Geburtstag. Ich deckte den Frühstückstisch im Garten, pflückte einen riesigen Blumenstrauß und zog mir ein leichtes Sommerkleid an. Die beiden Flugtickets hatte ich hübsch eingepackt und sogar noch eine kleine Flasche von Lars' Lieblingswhiskey gekauft. Entspannt lehnte ich mich zurück und wartete auf seine begeisterte Reaktion.

Lars starrte auf die Tickets, drehte sie mit gerunzelter Stirn um, hob den Kopf und fragte: »Samstag? Diesen Samstag?«

Ich nickte lächelnd. Liebevoll lächelnd.

»Das ist aber dumm. Da wollte ich mit Paul nach Brunsbüttel segeln. Kannst du die zurückgeben?« Jetzt lächelte ich bemüht. »Nein. Kann ich nicht. Dann ist das Geld weg.«

»Was willst du denn auf Helgoland? Das ist doch total langweilig.«

Mein Lächeln war nun angestrengt. »Du warst noch nie da. Wir können uns doch mal einen schönen Tag machen. Bei diesem Wetter wird das bestimmt toll.«

Lars schob die Tickets wieder in den Umschlag zurück. »Das ist nur schön, wenn man da übernachtet. Das sagen zumindest alle, die mal da waren. Und das können wir uns ja wohl nicht leisten.«

Ich hatte keinerlei Ambitionen, auf Helgoland zu übernachten. Ich wollte meine Flugangst besiegen, das Segelkombi-Schnäppchen kaufen, zwei bis drei Fischbrötchen essen und danach wieder nach Hause. Nicht mehr und nicht weniger. Und jetzt freute sich Lars überhaupt nicht. Mein Lächeln war endgültig weg, die Anstrengung noch da.

»Meine Güte, du kannst jeden anderen Samstag segeln. Außerdem hast du dir nichts gewünscht, ich habe dich doch dreimal gefragt. Jetzt denke ich mir was aus und du meckerst rum. Super.«

Ich hatte jetzt diesen nörgeligen Ehefrauenton, den Lars mindestens so hasste wie Gartenpartys. Ich riss mich zusammen und fuhr in halbwegs normalem Ton fort: »Und außerdem kannst du dir da die Segelkombi kaufen, über die du seit Wochen redest.«

Ich fand mich sehr souverän und wurde tatsächlich mit einem Lächeln belohnt, das über das Gesicht meines Angetrauten huschte.

»Ach ja, das Angebot, das stimmt ja. Das ist ja gut, das machen wir. Schön. Vielen Dank.«

Er stand sogar auf, um mich auf die Wange zu küssen. Na bitte, dachte ich, geht doch.

Am Samstag mussten wir um sechs Uhr aufstehen, der Flug ging um acht Uhr. Mir war nicht besonders gut. Ich hatte kaum geschlafen, mein Puls raste, ich hatte Schweißausbrüche und war unkonzentriert. Ich hoffte nur, dass genau dieser Flug mich davon heilen würde.

Lars gähnte sechsmal hintereinander, während wir Kaffee tranken.

Als ich aus Versehen aufstöhnte, sah Lars mich nur kurz von der Seite an.

»Wieso stöhnst du denn?«

»Ich stöhne nicht.«

»Doch.«

»Nein.«

»Kriegst du jetzt wieder deine Flugangst?«

Ich fand sein Lächeln zynisch, hatte aber viel zu viel mit den Katastrophenszenarien in meinem Kopf zu tun, um mich auf eine unserer albernen Streitigkeiten einzulassen. Also schwieg ich und versuchte, an der Schläfe den Akupressurpunkt zu finden, der Schwindelanfälle mildert.

Lars legte nach: »Ich habe mich sowieso gewundert, dass du fliegen willst. Sonst machst du doch immer so einen Aufstand.«

»Ich mache keinen Aufstand. Ich habe Flugangst.«

»Sag ich doch.«

»Wir müssen los.« Abrupt stand ich auf. »Und du könntest auch mal anerkennen, dass ich dir zuliebe in ein Flugzeug steige.«

»Mal sehen«, sein skeptischer Blick folgte mir, als ich an ihm vorbei in die Küche ging.

Eine halbe Stunde später fuhren wir auf den Parkplatz des Flughafens. Es standen nur zwei Autos vor dem Gebäude, beide auf dem Personalparkplatz, sehr viele Fluggäste gab es wohl nicht. Lars stieg umständlich aus und sah sich um.

»Bist du sicher mit der Uhrzeit? Es ist halb acht und kein Mensch ist da.«

Mittlerweile hielt mich die Angst wie eine Kralle am Nacken. Ab und zu fühlte ich mich von ihr geschüttelt. Mir war furchtbar schlecht, meine Beine waren wie aus Gummi. Ich wollte überhaupt nicht fliegen. Nie mehr. Aber wir waren ja schon am Flughafen.

»Das steht doch auf dem Ticket.« Mit zitternden Händen kramte ich den Umschlag aus meiner Tasche. »Ja, hier, Abflug acht Uhr fünf. Und wir sollen eine halbe Stunde vorher da sein.«

Lars nahm mir die Tickets aus der Hand und überflog das Gedruckte. Vielleicht war es ein Zeichen. Der Flug würde gar nicht stattfinden, weil zu wenige Fluggäste gebucht hatten. Wir bekämen das Geld zurück, ich bräuchte nicht fliegen, Lars könnte nach Brunsbüttel segeln und ich würde mich mit meinem Krimi auf die Terrasse setzen. Mein Puls verlangsamte sich etwas. Tief ausatmend streckte ich mich und sah meinen Mann hoffnungsvoll an.

»Dann fliegt der Vogel wohl nicht. Dann gehen wir jetzt schnell rein und geben die Tickets zurück. Ein anderer Tag kommt ja wohl nicht infrage.«

Ich hatte keine Ahnung mehr, warum ich das ganze Unternehmen überhaupt angeleiert hatte. Was wollten wir denn auf Helgoland? Nur wegen dieser Segelkombi diese ganze Anstrengung? Von dem Geld könnte sich Lars ja ein schönes neues Hemd kaufen. Oder einen weiteren Akkuschrauber. Da war ich jetzt großzügig.

Lars blickte sich um. »Die können doch den Flug nicht kurz vorher absagen. Das sind kleine Maschinen. Also, ich will jetzt nach Helgoland. Das wäre sonst wirklich ärgerlich.« Er schloss das Auto ab und ging auf das Gebäude zu.

»Kommst du? Schatz?«

Lieber Gott, mach, dass wir nicht in ein Flugzeug müssen! »Ja. Ich komme schon.«

Mit schweren Schritten folgte ich Lars. So eine schwachsinnige Idee!

Die blonde Frau hinter dem Schreibtisch sah lächelnd auf. »Guten Morgen. Sie wollen nach Helgoland?«

Nein, dachte ich und hörte Lars antworten:

»Genau. Sind wir die Ersten? Oder kommt keiner mehr?«

»Doch, doch«, sie streckte die Hand nach den Tickets aus, »es kommen noch drei Personen. Danke. Sie können da vorn einen Moment Platz nehmen.«

»Und wenn die anderen nicht kommen?« Meine Stimme klang belegt.

Die Blonde sah hoch. »Dann verfallen deren Tickets. Dann haben sie Pech. Aber fünf Minuten geben wir ihnen noch. Die Maschine ist auch noch nicht fertig.« »Aber sie fliegt?« Jetzt klang ich wie ein Kind. Wie ein weinerliches Kind.

»Selbstverständlich.«

Lars schüttelte mich leicht an der Schulter, um mich aus meiner Schockstarre zu befreien. Wir setzten uns mit Blick auf den Parkplatz auf die Bank, die neben dem Eingang stand. Und warteten. Lars ungeduldig, ich ängstlich. Drei Minuten später hielt ein silberfarbener Kombi mit Recklinghauser Kennzeichen neben unserem Auto. Drei Menschen stiegen aus. Drei dicke Menschen. Der größte war vermutlich der Vater. Um die vierzig, wenig Haar, rote Bermudashorts, kariertes kurzärmeliges Hemd, Socken, Wanderschuhe, Herrentasche. Die Frau war etwas kleiner, dafür noch dicker, blonde Dauerwelle, die gleichen Bermudashorts, T-Shirt mit einem applizierten Glitzerflamingo, Wanderschuhe, kleiner silberfarbener Rucksack. Der Junge war ungefähr zwölf, mindestens so dick wie seine Eltern, mit blauen Bermudashorts, einem Schalke-Trikot und einem Gesichtsausdruck, der meiner Gemütsverfassung entsprach.

»Mutti, nimm die Regenjacken mit. Und Kay-Uwe, jetzt mach nicht so ein Gesicht, sonst fängst du dir gleich eine.«

Kay-Uwe trat kurz gegen die Felge, was Vati zum Glück nicht sehen konnte, weil er aus dem Kofferraum Aluplanen nahm, die er als Sonnenschutz vor die Autoscheibe klemmte.

»So. Habt ihr alles? Jetzt los, los. Die warten nicht auf uns.« Er hob den Kopf und sah uns. »Moin, moin. Auch nach Helgoland?«

Ich nickte nur lahm, während Lars demonstrativ auf die Uhr deutete. »Wir warten schon.«

»Ja, ja«, der Mann wischte sich den Schweiß von der Stirn, »fahren Sie mal mit Frau und Kind in Urlaub. Das dauert, bis die fertig sind, da wird man ja verrückt. Kommt ihr jetzt?« Der letzte Satz wurde über den Platz gebrüllt.

Kay-Uwe lehnte mit unverändertem Gesichtsausdruck am Auto und starrte böse seine Mutter an, die aus drei Regenjacken kleine Würstchen drehte, um sie in den Rucksack zu stopfen. »Schrei doch hier nicht so rum, wir kommen ja schon. Los, Schätzchen, jetzt wollen wir fliegen. Sei lieb.«

Kay-Uwe trat als Antwort wieder gegen die Felge.

»Kay-Uwe! Jetzt reicht's aber!« Sein Vater schnappte mit hochrotem Kopf nach Worten.

»Familie Oldenkötter?« Die Flughafenangestellte verhinderte einen offenen Vater-Sohn-Konflikt.

»Ja, zur Stelle.« Vati warf seiner Familie einen bösen Blick zu, bevor er sich wieder der Flughafenangestellten zuwandte. »Wir sind doch wohl nicht zu spät?«

»Ich brauche Ihre Tickets. Die Maschine ist schon zum Einsteigen bereit.«

Das traf mich wie ein Keulenschlag. Vor lauter Oldenkötters hatte ich völlig vergessen, warum ich überhaupt hier saß. Lars stand sofort auf.

»Na bitte. Komm, steh auf.«

»Aber wir …«

Lars zog mich am Arm. Ich schüttelte ihn ab. »Aber wir haben gar keine Regenjacken mit.«

Mit einer Mischung aus Resignation und Verwunderung sah er mich an. »Es ist nicht eine Wolke zu sehen. Und auch kein Regen angesagt.«

»Doch«, trompetete Herr Oldenkötter in unsere Richtung. Er hatte anscheinend gute Ohren. »Gegen Nachmittag soll's erste Gewitter geben. Seewetterbericht. Tja, man sollte sich informieren, wenn man auf Reisen geht.«

Lars hob nur leicht die Augenbrauen. Dann sagte er leise: »Totaler Blödsinn. Und jetzt komm.«

Er zog mich an der Hand und folgte der Frau, die um das Gebäude herumging, um dann sofort auf dem Flugfeld zu stehen. Ich hatte mir zu keinem Zeitpunkt Gedanken darüber gemacht, was für ein Flugzeug von hier aus nach Helgoland flog. Aber dass es eine so kleine Maschine war, das wäre mir nicht im Traum eingefallen. Ich schluckte und kämpfte die anrückende Hysterie nieder.

»Guck mal, Vati, das Flugzeug hat genau dieselben Reifen, die du unter unsere Gartenschubkarre geschraubt hast. Ist ja lustig.«

Frau Oldenkötter schmiss sich fast auf den Rasen vor Begeisterung, ich betrachtete die winzigen Reifen und war davon überzeugt, dass das nicht gutgehen würde.

»Gundula, sagst du deinem Sohn bitte, dass er seine Jacke nicht so über den Rasen schleifen soll, ich rege mich sonst nur wieder auf.«

»Kay-Uwe, Schätzchen, gib Mutti mal die Jacke. Guck, da steht der Pilot. Sag ihm schön Guten Tag.«

Kay-Uwe ließ die Jacke auf den Rasen fallen und kickte einen Stein weg. Er traf mich am Bein. Ich drehte mich um, das dicke Kind starrte mich an und grinste. »Lars, ich steige da nicht ein.«

»Oh doch«, die Hand meines Mannes lag plötzlich auf meinem Rücken und schob mich, »du steigst da ein, wir beide steigen da ein. Wir ignorieren diese Leute und machen uns einen schönen Tag. Es kann nichts passieren, die fliegen jeden Tag hin und her, es dauert keine zehn Minuten, und ich bin ja bei dir.«

Ehrlich gesagt war mir das ziemlich egal, auch wenn Lars es nett gemeint hatte.

»Was ist denn nun?« Die dröhnende Stimme von Oldenkötter ließ Lars noch mehr schieben. »Kay-Uwe, wir lassen dich gleich hier stehen.«

»Mama!«

Kay-Uwe konnte sprechen. Und ich wusste nicht, was ich schlimmer fand: die drei dicken lauten Menschen hinter mir oder den sehr kleinen, sehr dünnen, etwa fünfundsechzigjährigen Piloten vor mir. Er trug eine Brille mit Glasbausteinen, die auf etwa sechzehn Dioptrien hinwies, und lächelte uns schüchtern an.

»Tag.«

Ich konnte nicht antworten, es war auch egal, es war alles egal, es kam auf nichts mehr an. Höflichkeit, Anstand, nichts zählte mehr, ich würde als unhöflicher Mensch abstürzen. Wen interessierte es noch?

Lars schob mich über die winzige Treppe durch die winzige Tür in das winzige Flugzeug und drückte mich auf den Sitz direkt hinter den Platz des halb blinden Piloten. »Hier kannst du alles gut sehen, es nimmt dir die Angst. Also, bleib ganz ruhig.«

Ich schloss die Augen, ließ mich von meinem Mann anschnallen und dachte über mein bisheriges Leben nach. Wenn ich das hier überlebte, was nicht sehr wahrscheinlich war, wollte ich meine Ehe verändern, mich mehr um Familie und Freunde kümmern, nicht immer so ungeduldig sein …

»Kay-Uwe, jetzt steig ein oder es knallt!«

»Ich steig da nicht ein, ich muss spucken.«

… ganz geduldig werden, wieder Sport machen …

»Wenn du spucken musst, dann mach es jetzt, aber dalli!«

»Dieter, jetzt schrei den Jungen nicht an. Ihm ist übel.«

… freundlich zu Kindern sein, mich nicht mehr in fremde Angelegenheiten einmischen …

»Ich schreie nicht. Ich steige jetzt ein. Hallo, der Herr Pilot, dann wollen wir mal in die Lüfte, was?«

Die Maschine wackelte, als Dieter Oldenkötter sich in den Sitz hinter mir fallen ließ. »Gundula, komm schon. Wir warten auf euch.«

Lars drückte meine Hand und schnallte sich an.

… auf keinen Fall aggressiv und ungerecht werden, positiv denken …

»Kay-Uwe!« Oldenkötters Organ ließ fast mein Trommelfell platzen. Ich öffnete die Augen und drehte mich um. »Herrgott! Geht das nicht noch lauter?«

Lars musterte mich kurz von der Seite und sagte dann sehr deutlich zu Kay-Uwe: »Mein Junge, wenn du nicht sofort deinen Hintern in dieses Flugzeug kriegst, nagele ich dich auf die Tragfläche.«

»Also, was fällt Ihnen …«

»Können wir jetzt?« Der Pilot sah die empörte Gundula durch die dicke Brille beschwörend an, woraufhin sie den heulenden Kay-Uwe an uns vorbei zu dem Sitz neben seinem Vater führte.

»Solche Kinderhasser«, zischte sie ihrem Mann zu und ließ sich auf ihren Platz fallen. Die Maschine bebte bei der Bewegung. »Sie haben wohl keine Kinder, was?« Kay-Uwe trat gegen meine Rückenlehne.

… und ich werde Kinder lieben, ihnen ein Eis kaufen …

Lars atmete tief durch den Mund ein und durch die Nase wieder aus. Das machte er immer, wenn er schlechte Laune bekam. Es war eine Art Schnüffelatmung.

Ich schloss die Augen fester. Ich versuchte, autogenes Training zu machen. Mein rechter Arm sollte schwer werden, mein linker Arm sollte schwer …

Kay-Uwe trat wieder zu. Langsam drehte ich mich um und fixierte ihn. »Lass das!« Ich zischte wie eine Schlange. Jedes S scharf. Kay-Uwe heulte wieder und der Pilot warf die Maschine an. Mir wurde schwindelig. Und Lars atmete hörbar ein.

Als ich die Augen wieder öffnete, sah ich unter mir die Nordsee und vor mir Helgoland. Hinten war Ruhe und Lars atmete wieder normal. »Schön, nicht?«, sagte er und beugte sich nach vorn. »Du kannst sogar die Segelschiffe sehen.«

»Ja, das ist doll!« Dieter Oldenkötter schien kein Problem mehr mit Kinderhassern zu haben. »Das ist wirklich doll. Guck doch mal, Gundula. Das ganze

Wasser. Das gibt's in Castrop nicht.« Er hieb Lars die Hand auf die Schulter. »Wir kommen nämlich aus Castrop Rauxel, sind das erste Mal an der Nordsee. Schöner Urlaub, tolle Ferienwohnung in Cuxhaven, kostet ein paar Scheinchen, aber was soll's. Klotzen, nicht kleckern, sagt Vati immer. Nicht, Kay-Uwe, das gefällt dir doch auch. Da kannst du in der Schule doch ordentlich was erzählen.«

Kay-Uwe trat wieder zu. Ich schloss die Augen.

Und dann begann der Landeanflug. Es ruckelte, mein Magen rutschte weg, Kay-Uwe heulte und Gundula Oldenkötter rief: »Ach Gott, das ist ja eine kurze Landebahn. Mallorca ist länger. Das schaffen wir doch nie. Wir fallen ins Was ...«

Hart setzte die Maschine auf und bremste, bremste, bremste. Als wir standen, öffnete ich langsam die Augen. Geschafft. Wir hatten es geschafft. Oldenkötters applaudierten. Der Pilot drehte sich zu uns um und sagte freundlich: »Herzlich willkommen auf Helgoland. Ich wünsche Ihnen einen schönen Tag und wir sehen uns ja heute Abend wieder.«

Ich taumelte neben Lars auf das Flughafengebäude zu und sagte: »Das war knapp, oder?«

Verständnislos sah er mich an. »Wie? Knapp? Das

war doch ein total ruhiger Flug. Kein Wind, kein Gewackel und so eine sanfte Landung. Du stellst dich wirklich immer mehr an. Nur diese Oldenkötters gingen mir auf die Nerven. Grauenhafte Personen. Und dieses dicke Kind trat dauernd gegen die Sitze.«

»Du hättest ja auch mal was sagen können.«

»Wozu? Dann denken die noch, ich will mich unterhalten. Wie geht es jetzt weiter?«

»Ich glaube, ich brauche erst mal einen Kaffee.« Ich verdrängte den Gedanken an den heutigen Abend, es war ja noch nicht einmal halb neun.

»Jetzt lass uns doch erst mal auf die Hauptinsel fahren. Ich habe keine Lust, mich da an den Kiosk zu setzen. Wir können am Hafen ein Café suchen.«

»Wieso am Hafen? Willst du sofort in den Seglerladen? Dann müssen wir doch die ganze Zeit die Klamotten mitschleppen. Lass uns das doch zum Schluss machen.«

Lars überlegte kurz. Dann nickte er. »Können wir auch. Mir ist warm. Das ist vielleicht schwül heute. Ich bin zu dick angezogen.« Er trug Jeans und T-Shirt und hatte sich einen Pullover über die Schultern gelegt. »Auf dem Boot wäre es jetzt schöner.«

Ich hob den Blick gen Himmel. Ganz weit hinten sah ich plötzlich Wolken. Aber sie waren sehr weit weg. Im selben Moment sah ich Familie Oldenkötter in Richtung Kiosk laufen. Ich zog Lars am Arm. »Die dicken Oldenkötters gehen Pommes essen. Wir gehen besser zur Fähre.«

Eine Viertelstunde später standen wir auf dem Deck des Bördeboots und tuckerten Helgoland entgegen. Irgendwie sah der Himmel komisch aus. Die Schwüle wurde von einem leichten Wind abgelöst. Eigentlich war das ganz angenehm. Lars betrachtete jetzt auch den Himmel. »Das sieht nicht gut aus«, bemerkte er, »und wir müssen bis heute Abend hier rumhängen.«

»Wieso rumhängen?« Sein Pessimismus ging mir auf die Nerven. »Wir trinken erst mal einen Kaffee, dann wollen wir aufs Unterland, dann aufs Oberland, dann über den Klippenrandweg zur Langen Anna, dann zum Lummenfelsen, dann Mittagessen, dann shoppen. Wann hängen wir denn rum?«

»Ich habe überhaupt keine Lust, bei der Hitze stundenlang durch die Gegend zu rennen.«

»Ich denke, es gibt gleich Regen?«

»Dann habe ich erst recht keine Lust.« Er atmete tief ein. Und ganz weit weg hörte ich ein sehr leises Donnergrollen. Das passte zur Stimmung.

»Egal.« Ich stülpte mir eine Schirmmütze auf. Lars

konnte Frauen mit Schirmmützen nicht leiden.

»Es hilft auch nichts, der Flieger geht sowieso erst um achtzehn Uhr. Und ich habe keinen Bock, mich mit dir zu streiten.«

Lars hatte wieder Schnüffelatmung und das Boot legte an.

Die bunten Hummerbuden am Hafen waren zwar sehr hübsch, hatten aber nicht geöffnet. Wir stellten fest, dass wir eine Stunde zu früh waren. Mittlerweile musste ich dringend zur Toilette und wechselte vom entspannten Schlendern zum Stechschritt.

»Wieso rennst du denn so?« Lars' Schnüffelatmung war einer Schnappatmung gewichen.

»Ich muss mal. Ich gehe in den nächsten Imbiss.«

»Das hättest du ja auch am Flughafen erledigen können. Da waren Toiletten.«

»Da musste ich noch nicht.«

»Man muss doch nicht so plötzlich. Das merkt …«

»Lars! Ich diskutiere das nicht! Da hat was auf.«

Die Kneipe hieß »Bei Manni«. Wir traten ein und standen in einem dunklen Gastraum, der aus allen Ritzen nach altem Pommesfett stank.

»Moin. Bitte schön?«

Meine Augen gewöhnten sich nur langsam an die Dunkelheit, ich erkannte erst eine wasserstoffblonde

Frau hinter dem Tresen, dann ein Schild, auf dem »Toiletten« stand.

Erleichtert lächelte ich die Bedienung an und sagte: »Einen Milchkaffee bitte«, bevor ich auf meine Rettung zusteuerte.

»Ham wir nicht, nur Filterkaffee.«

»Egal, nehme ich auch.« Ich hatte den Türgriff schon in der Hand, als ich Lars hörte. »Können wir draußen sitzen?« Die Tür schlug hinter mir zu. Als ich zurückkam, saß Lars am Tresen. Vor ihm standen eine Cola und mein Kaffee. Etwas umständlich kletterte ich auf den wackeligen Hocker neben ihm.

»Wolltest du nicht raus?«

»Die Dame muss erst die Stühle abwischen. Das dauert noch, hat sie gesagt.« Er verzog sein Gesicht zu einer Grimasse.

Ich probierte den Kaffee. »Ich hätte was anderes bestellen sollen.«

Lars tippte vorsichtig auf den Tresen. »Alles schmierig. Wir hätten woanders hingehen sollen. Was ist denn mit dem Kaffee?«

»Lauwarm.«

»Die Cola auch. Ohne Kohlensäure. Und dafür müssen wir Geld ausgeben.«

Sein Gesicht passte in dieses düstere Loch. Ich

stupste ihn an, er zog seinen Arm weg. »Jetzt entspann dich. Wir müssen ja nicht austrinken.«

»Und meine Klamotten riechen, als wenn ich in der Fritteuse gelegen hätte.« Er schnupperte am Ärmel. »Widerlich.«

»Jetzt steigere dich nicht rein. Wir können ja gleich gehen.«

Wir mussten noch zehn Minuten warten, bis die Bedienung wieder reinkam. Wir sprachen kein Wort. Und Lars schnüffelte.

Als wir vor die Tür traten, donnerte es. In der kurzen Zeit hatte sich der Himmel verdunkelt. Der Wind war stärker geworden.

»Und nun?« Ich starrte in den Himmel. Seit vier Wochen das beste Sommerwetter und ausgerechnet jetzt kam das erste Gewitter. Vielleicht war es ja nur ein ganz kurzes. »Wo willst du jetzt hin?«

Lars sah sich kurz um und deutete ein paar Meter weiter. »Da vorn ist ein Eiscafé. Das ist überdacht. Von da aus können wir das Ausbooten sehen. Die ersten Schiffe kommen doch gerade an. Ansonsten kriegen wir gleich einen nassen Hintern.«

Die ersten dicken Tropfen fielen. Es grummelte weiter, ein Blitz erhellte plötzlich den Himmel und dann prasselte der Regen wie ein Wasserfall auf den

Platz. »Na super.« Lars sah mich mit zusammengezogenen Augenbrauen an.

Ich hob die Hände. »Entschuldigung, ich habe nicht gewusst, dass meine Regentänze dermaßen gut funktionieren. Guck mich nicht so an, ich kann doch nichts dafür.«

»Na? Wollen Sie nicht lieber drinnen warten?« Die Blondine stand mit verschränkten Armen hinter uns. »Das kann dauern. Und weiterlaufen würde ich nicht. Ohne Regenjacke schon gar nicht.«

Eine Stunde lang sah es aus, als ob die Welt unterging. In dieser Zeit saßen wir in der dunklen Gaststube und klebten fast mit den Händen an dem schmierigen Tisch fest. Lars trank mittlerweile Helgoländer Eiergrog, dessen Geruch mich fast betäubte. Wir stritten. Während im Hintergrund auf »Welle Nord« verschiedene Schlagersänger die Liebe, die Sehnsucht und den Sommer anpriesen, stritten wir über meine spontanen Einfälle, über seine Launen, über Eiergrog am Vormittag und später über ihn und mich im Allgemeinen. Natürlich stritten wir nicht laut, sondern zischten uns nur über den klebrigen Tisch hinweg an, was es aber in der Sache nicht besser machte. Schließlich bestellte ich mir auch einen Eiergrog. Er schmeckte genauso grauenhaft, wie er roch, aber er wärmte, machte mich ein bisschen heiter und überraschenderweise schien er Lars zu versöhnen. Er prostete mir zu und sagte: »Es hört langsam auf zu regnen. Jetzt lass doch diese Diskussionen, es bringt doch nichts.«

Mein Glas war leer, ich war weder Alkohol am Vormittag, geschweige denn diese Inselmixtur gewöhnt. Mein Hirn war weich und entspannt, ich lächelte meinen Mann schief an und sagte: »Lass uns gehen.«

Wir verließen die Kneipe etwas wackelig und liefen die Hauptstraße, den Lung Wai, entlang. Die Läden und Lokale hatten mittlerweile alle geöffnet, es nieselte und die Temperatur war um gefühlte zwanzig Grad gefallen. Ich fror, trotz des Eiergrogs und meines warmen Gesichts. Vor einer kleinen Boutique blieb ich stehen. »Ich kaufe mir jetzt eine Jacke.«

Lars lief weiter.

»Lars!« Ich hatte einen fiesen Geschmack im Mund und sehnte mich nach einer Flasche Wasser. »Ich muss was trinken. Ich habe so einen Durst.«

Lars blieb stehen und drehte sich langsam um. »Was denn jetzt? Wir haben doch gerade was getrunken. Und einkaufen wollen wir zum Schluss.«

»Mir ist kalt. Und ich habe einen Pappmund. Ich kaufe mir etwas zum Anziehen und hier nebenan eine Flasche Wasser. Wartest du oder willst du mit rein?«

Eine leere Coladose traf mich am Fuß.

»Kay-Uwe, nicht mit der Dose kicken, davon gehen die Schuhe kaputt. Oh, hallo, wen haben wir denn da? Na? Da habe ich ja wohl recht gehabt, mit dem Wetter, was?«

Ich floh in den Laden und sah Dieter Oldenkötter, der Lars auf den Rücken schlug.

Während ich in der Umkleidekabine stand und eine wasserfeste Kapuzenjacke anprobierte, hörte ich eine leise Stimme. »Bist du da drin? Oh, Entschuldigung.« Ich zog den Vorhang auf und sah Lars, der mit hochrotem Kopf vor einer anderen Kabine stand.

»Ich bin hier. Suchst du mich?«

Mit schnellen Schritten ging er auf mich zu. »Du hättest ja warten können. Die Frau dahinten hat dieselben Schuhe wie du. Ich dachte, du bist das, und reiße den Vorhang auf. Peinlich.«

»Du hättest ja die Antwort abwarten können. Willst du dir nicht doch eine Regenjacke kaufen?«

»Ich kaufe nachher die Segelkombi. Deswegen sind wir hierhergefahren. Shoppen kann ich auch zu

Hause.«

Manchmal muss man auch nicht antworten. Ich bezahlte die Jacke, die ich gleich anbehielt, und folgte Lars nach draußen. Wir liefen direkt in die Oldenkötters hinein. »Aha. Doch was eingekauft. Tja, wir haben sicherheitshalber alles dabei. Was haben Sie denn für die Jacke bezahlt? Die ist ja schick. Guck doch mal, Dieter, würde mir so was auch stehen?«

Gundula Oldenkötter rieb den Stoff meines Ärmels zwischen zwei Fingern. Unterdessen trat Kay-Uwe gegen einen Ständer mit Windrädern und Helgolandflaggen, der mit einem Heidenkrach umstürzte. Frau Oldenkötter ließ von meiner Jacke ab und drehte sich zu ihrem Sohn. »Das macht doch nichts, Kay-Uwe, das steht auch alles so eng. Komm, Mutti hilft dir.«

Während sie sich abmühte, den Ständer wieder aufzustellen, streckte ihr Balg mir die Zunge heraus.

»Komm, Lars, wir müssen los. Tschüss, viel Spaß noch.« Ich zog Lars an der Hand mit, weg von diesen Leuten, weg von der immer voller werdenden Straße. Mittlerweile waren die Ausflugsschiffe angekommen und hatten Zehntausende Tagesgäste auf die Insel gespült. Im andauernden Nieselregen eilten alle ins Unterland zu den Geschäften und Lokalen.

Wir schlängelten uns durch den Menschenstrom, ich vorneweg, Lars trottete hinterher. »Wo willst du eigentlich hin?«

»Zum Oberland. Da sind nicht so viele Leute. Wir wollten doch auf den Klippenweg.«

»Du wolltest. Ich müsste jetzt auch so langsam mal zur Toilette.«

Ich schluckte eine scharfe Bemerkung runter, weil mir eine Dame von rechts ihren Schirm ins Gesicht stach und mir ein Kinderwagen in die Kniekehlen geschoben wurde. Lars griff plötzlich nach meinem Arm. »Komm weg hier. Das ist ja nicht auszuhalten. Diese Massen. Was wollen die alle hier? Es gibt doch einen Fahrstuhl auf Oberland. Wo ist der?«

Stumm deutete ich zum Ende der Straße. Jetzt übernahm Lars die Führung. Etwas später standen wir vor dem Kassenhäuschen des Fahrstuhls. Leider nicht nur wir. Vor uns standen ungefähr fünfzig Menschen und zu allem Überfluss reihten sich gerade die Oldenkötters ein. Ich schüttelte entschlossen den Kopf. »Ich stelle mich hier nicht an, um Geld für einen Aufzug zu bezahlen. Und dann muss ich noch mit den drei Dicken zusammen da hoch. Im Leben nicht. Ich laufe.«

Mit skeptischem Blick sah Lars mich an. »Das ist

aber ganz schön hoch. Bist du sicher? Und es regnet.«

»Es hört gleich auf. Guck mal, dahinten wird es schon hell. Außerdem bin ich fit. Los, komm schon.« Entschlossen ging ich auf die Treppen zu. Lars folgte in kleinem Abstand. Betont munter und locker begann ich den Aufstieg. Ich kannte diesen Aufstieg zwar aus der Beschreibung in dem kleinen Reiseführer, den ich letzte Woche gekauft hatte, aber niemals hatte ich überlegt, wie sich zweihundertsechzig Stufen in den Beinen anfühlten. Falls ich diese Treppen, diese unglaublich vielen, schiefen Treppen mit guter Laune und ohne allzu große Mühe überstehen würde, dann hätte ich sicherlich auch die Fähigkeit, meine Ehe in die richtigen Bahnen zu lenken. Wenn nicht – ja, dann müsste ich noch mal richtig über alles nachdenken.

Bis zur siebzigsten Stufe hatte ich noch die Illusion, dass ich gleich meinen toten Punkt überwinden würde, dass der Endorphinausstoß käme und ich wie von selbst Stufe um Stufe erklimmen könnte. Aber der tote Punkt ließ sich nicht überwinden. Er war noch nicht einmal mehr nur ein Punkt. Es war eine riesige tote Fläche. Ich pfiff bereits beim Atmen, meine Beine hatten sich in zwei schlappe, schwere

Säcke verwandelt, mein Rücken brach fast durch und ich schwitzte. Der mittlerweile wieder stärker gewordene Regen störte mich kaum noch, so konnte man wenigstens nicht sehen, ob meine Haare verschwitzt oder einfach nur regennass waren. Auf der Hälfte der Strecke sah ich endlich eine freie Bank, auf die ich wie in Trance zusteuerte und mich sinken ließ. Mir tat alles weh. Mit einem Stöhnen fiel Lars neben mir auf die Sitzfläche und wischte sich den Schweiß oder Regen aus dem Gesicht.

»Was für ein Schwachsinn«, ächzte er und ich gab ihm recht, konnte aber nicht antworten, weil mir immer noch die Luft dazu fehlte. »Und ich glaube, wir haben noch mal dasselbe vor uns. Ich sage es dir, das war das erste und letzte Mal.«

Irgendwie schafften wir es, nach gefühlten drei Stunden und sechzig Litern Regenwasser das Oberland zu erreichen. Das Erste, was wir sahen, war Kay-Uwe Oldenkötter. Er hielt ein Fernglas vor sein rundes Gesicht und starrte uns unbewegt entgegen.

»Da sind ja zwei nass geworden.« Dieter Oldenkötter stand nebst Gattin Gundula unter einem Regenschirm.

Beide trugen die gleichen gelben Regenjacken. »Wie war der Aufstieg?«

»Schön.« Das Wasser troff Lars über das Gesicht. Seine Haare waren angeklatscht, der Pullover war klumpig. »Und es hält schlank und fit.«

Die Antwort war gut, seine Laune nicht. Von einem Spaziergang am Klippenrandweg war keine Rede mehr, schweigend machten wir uns auf den Weg zum Aufzug.

Als wir endlich wieder auf dem Unterland waren, spürte ich zwar weder meine Beine noch meinen Rücken, aber frieren konnte ich noch.

»Wir suchen uns jetzt ein Lokal, wo es warm und trocken ist, essen was richtig Tolles, bleiben zwei Stunden da und gehen dann in den Seglerladen.« Lars hatte seine Sprache wiedergefunden.

Wir zwängten uns durch die Menschenmassen und versuchten verzweifelt, in irgendeinem Lokal zwei freie Plätze zu finden. Es war aussichtslos.

Lars blieb stehen und sah sich um. »Das ist ja wohl der blödeste Tag seit Langem. Wenn ich nicht gleich was zu essen kriege, bekomme ich schlechte Laune.«

»Ach. Und was hast du jetzt?« Ich hätte das besser nicht fragen sollen, aber ich hatte auch Hunger. Und auch ich fand diesen Tag blöd. Aber ich konnte das nicht sagen, weil es ja meine Idee gewesen war. Lars schüttelte den Kopf und ging mit wütenden Schritten weiter. Wir waren schon wieder kurz vor dem Hafen. Es musste doch irgendetwas Überdachtes und Warmes geben, wo man sich etwas zu essen kaufen könnte. Es regnete weiter wie in Bindfäden.

»Juhu.« Dieter Oldenkötters Stimme röhrte über den Platz.

Lars blieb stehen und hob die Hand. »Vielleicht sitzen die irgendwo und haben noch was frei.«

»Lars! Ich will nicht mit denen essen.«

»Oh doch.« Langsam ging er auf den winkenden Oldenkötter zu. »Ich will trocken essen. Egal mit wem. Von mir aus kannst du weiter im Regen stehen. Mir reicht es. Hallo, Herr Oldenkötter.«

»Na, Mensch, hier trifft man sich ja dauernd.« Der trockene Dieter Oldenkötter war uns entgegengekommen. »Sie sind ja ordentlich durchweicht. Wir sitzen da in der Bude. Eigentlich hatten wir einen Tisch bestellt, gleich als wir angekommen waren. War eine Empfehlung von Gundulas Schwester. Aber jetzt will unser Kay-Uwe unbedingt ins Nordseemuseum. Also, wenn Sie wollen, dann können Sie den Tisch übernehmen.«

Ich lächelte Oldenkötter fast dankbar an. Kay-Uwe hin oder her, jetzt hätte ich seinen Vater küssen können. Das Wasser sammelte sich in meinen

Schuhen. »Sehr gerne.« Mit seinem ganzen Charme schüttelte Lars ihm die Hand. »Das ist sehr schön, bei dem Wetter ist ja alles voll. Dann gehen wir da gleich hin. Wo ist das Lokal denn?«

»Gleich da drüben, an der Ecke. ›Bei Manni‹. Und wie gesagt, auf Oldenkötter bestellt, nicht, dass da was durcheinanderkommt.«

Wie gut, dass ich ihn nicht geküsst hatte.

Die wasserstoffblonde Bedienung lehnte rauchend an der Eingangstür und nickte uns zu. »Ja, der hat 'n Tisch bestellt. Um vier. Aber die Küche hat zu. Hab ich ihm gesagt.«

Lars krächzte verzweifelt. »Und jetzt gibt es nichts mehr zu essen? Irgendwas. Egal was. Mir hängt der Magen sonst wo.«

Die Blonde setzte sich träge in Bewegung und ging in die dunkle klebrige Gaststube. »Schmalzbrot. Und Gulaschsuppe kann ich anbieten. Eiergrog dazu? Ist auch warm.«

Wir saßen am gleichen Tisch wie vorhin, aßen die schlechteste Gulaschsuppe der Welt, tranken Eiergrog, der überhaupt nicht mehr heiter machte, und schwiegen. Mir fiel nichts ein und Lars konzentrierte sich auf das Trocknen und den Eiergrog. Was war das nur für ein schrecklicher Tag? Und dann musste ich auch noch zurückfliegen. Unauffällig sah ich auf die Uhr. In zwei Stunden bereits.

Mein Mann rührte in seinem Becher und starrte auf den Fernseher, der in einer Ecke stand. Es lief eine Talkshow ohne Ton.

»Lars, es ist schon nach vier. Wann müssen wir denn zum Flughafen?«

»Was?« Elektrisiert sah er mich an. »Nach vier? Dann müssen wir sofort los. Ich bin nur wegen der Segelkombi hier, das wäre ja wohl der Witz, wenn wir das jetzt vertrödeln. Zahlen bitte.«

Wir traten hinaus in den strömenden Regen. Der Seglerladen war nicht weit weg, aber der Weg reichte aus, um wieder komplett nass zu werden. An Lars' straffer Körperhaltung sah ich aber, dass seine Laune um einiges gestiegen war. Er war auf dem Weg zur tollsten Segelkombi seines Lebens. Später würden wir auf Partys lässig erzählen, dass wir manchmal nach Helgoland fliegen, um Segelkombis zu kaufen, auch wenn das Wetter da oft schlecht ist. Und alle würden lachen.

Inzwischen waren wir vor dem Laden angekommen. Lars drückte an die Tür. Drinnen sah es dunkel aus. Lars drückte etwas kräftiger, verharrte und beugte sich vor, um ein Schild zu lesen. Ich blickte über seine Schulter auf das Schild: »Liebe Kunden. Aufgrund einer Familienfeier schließen wir heute um fünfzehn Uhr dreißig. Wir danken für Ihr Verständnis und sind morgen wieder für Sie da.« Als ich Lars anschaute, war mir auf einmal alles klar.

Vor ein paar Tagen habe ich Lars wieder getroffen. Mein Exmann war braun gebrannt und erzählte mir, dass er mit seinem Freund Paul die Pfingstregatta nach Helgoland gewonnen habe. Anschließend hätten sie »Bei Manni« gefeiert. Die Wasserstoffblonde sei immer noch da, sie heiße Belinda und habe ihn sofort wiedererkannt.

Ich komme gerade von einem Norderney-Urlaub zurück. Das Hotel mit Sauna und Schwimmbad war sehr schön. Da hat der Regen gar nicht gestört. Außerdem war ich nicht allein dort, sondern mit David. Wir haben uns auf einem Flugangstseminar kennengelernt. Und David war der Pilot. Er leidet übrigens unter Seekrankheit, deshalb fliegen wir jetzt immer. Ist ja kein Problem.

Pizza statt Grillen

Es gibt viele Zeichen dafür, dass dieser Sommer sich dem Ende zuneigt. Eines davon ist das erhöhte Aufkommen von Pizzadienstautos in unserer Straße. Haben wir erst gestern die Balkontür geschlossen, weil der Nachbar unter uns schon wieder seinen Grill angeworfen hat, so schrecken wir jetzt hoch, weil der hurtige Pizzadienstfahrer eine Vollbremsung vor dem Haus hinlegt. Die Abende werden wieder kühler und dunkler, alle rollen sich in Jogginghosen auf dem Sofa zusammen und bestellen sich Familienpizzen mit doppelt Käse und einem Kaltgetränk.

Herrlich. Kein Stress mehr, weil man sich zum Sonnenuntergang verabredet hat, keine langen Schlangen vor der Grillkohle und den Nackensteaks im Supermarkt, kein Salatwaschen, kein Saucensortieren, kein Tischdecken. Einfach zum Hörer greifen, Pizza bestellen, fertig. Man muss sich weder umziehen noch schminken und kämmen, wir stehen erst vom Sofa auf, wenn es klingelt, und zwar so, wie wir gerade sind. Und dann geht man mit dem Pappkarton zurück aufs Sofa und isst die Pizza mit den Fingern. Beim Fernsehgucken.

Mein Liebster lehnt das allerdings rigoros ab. Er findet diese Art der Ernährung asozial und stillos. Entweder geht er mit Begleitung ins Restaurant und hat einen schönen Abend oder er kocht selbst. Pizzadienste hält er für total überflüssig.

Ich sehe das anders. Nele zum Beispiel hat sich mal in einen Pizzabringer verliebt. Direkt im Hausflur, so wie sie war. Es hielt zwar nicht lange, weil er so viel arbeiten musste, aber es soll sehr schön gewesen sein. Und meine liebste Geschichte ist die von meiner Schwester, die mit einer Freundin einmal vergeblich auf ein Taxi wartete. Es regnete, kein Taxi kam und zum Laufen war es zu weit.

Zufällig entdeckten sie einen Pizzadienstladen, auf dessen Scheibe die Telefonnummer stand. Also riefen sie an, bestellten eine Pizza Margherita zu ihrer Hausadresse und sagten, dass der Fahrer sie auch gleich mitnehmen könne. Und ob er die Pizza schneiden würde, sie wollten sie im Auto essen. Hat geklappt. Und was ist daran bitte asozial und stillos?